발레를 배우며 생각한 것들

33년 차 저널리스트, 우아하고도 단단하게 인생을 건너다

五十歲後的優雅

縮得越深，便能跳得越高，優雅而堅韌地穿越人生。
來自一名中年的芭蕾初學者。

韓國JTBC首位女性高層主管

申藝莉———著

葛瑞絲———譯

目次

推薦語　005
序　　　縮得越深，是為了跳得更高　011

第 1 部　55 歲，第一次穿上芭蕾舞鞋

turnout　使用以前沒有用過的肌肉，改變才會開始　020
tombé　退休後，重新回到初學者　030
spotting　打算坐在那裡到什麼時候？　039
pull-up　將 33 年工作造成的烏龜頸伸直　050
entrechat quatre　學新事物，要有被指責的勇氣　057
devant　由芭蕾語言開啟的新世界　065

第 2 部　當你需要支撐自己的力量

adagio　人生第二幕，適應慢下來的節奏　076
développé　一步一步，堅持下去的力量　084
attitude　左右工作和生活的決定性因素　092
port de bras　芭蕾，是用全身在說話　101
coordination　別在臉上透露腿正在做的事情　108
arabesque　優雅卻堅定地活下去　116

第 3 部　專注在自己身上的方法

cambré　美麗的標準是……　*126*
pirouette　找到屬於自己的軸心　*136*
grand battement　做得沒有別人好，也沒關係　*143*
grand pas de deux　跳芭蕾的媽媽 vs. 踢球的女兒　*152*
enchaînement　芭蕾女伶怎麼背得了那麼多動作？　*161*
class　問與答，造就不一樣的教室　*169*

第 4 部　直到生命的最後一刻，都持續做著夢

sous sus　即使是難以搆著的夢想　*178*
balance　叫你跳芭蕾，你為什麼跳倫巴？　*188*
pas de bourrée　人生中真正的好老師們　*196*
relevé　永遠的偶像——奧黛麗・赫本　*204*
épaulé　希望背影更美　*213*
tutu　芭比、肯尼都不被排斥的世界　*221*
pas de chat　芭蕾女伶般輕盈的貓咪舞步　*230*

結　尾　人生的 grand jeté 才剛要開始　*239*
致　謝　*249*

推薦語

　　穿上舞鞋的那一刻,就是放下過去,與自己重新對話的起點,在旋轉與跳躍之間認識自己,也在跌倒與疼痛之間鼓舞自己。55歲才開始學芭蕾的申藝莉說:為了跳得更高,你需要一段能彎得很低的時間。

　　這本書溫柔而堅定地告訴我們,人生不需要設限,任何時候都可以重新塑造一個新的自己。不需要畏懼別人的眼光,也不需要懷疑自己的能力,我們永遠都能為自己翩翩起舞,都該盡情地為生命綻放。如此坦然擁抱自己的姿態,正是歲月淬鍊之後的優雅。

——彭樹君／作家

　　無疑地,作者申藝莉在工作上始終是個衝鋒陷陣的拚命三娘,從記者、轉戰電視臺,又隨時代演進再勇闖數位媒體,擔任大型帶狀節目製作人兼主持人,在種種難關中總能

勇猛突圍，大膽嘗試，節目既創新又長壽，締造無數輝煌紀錄。但33年後，她卻不是華麗轉身，而是猝不及防、姿態狼狽地被迫離職。

她無法選擇優雅下臺，卻以55歲高齡踏入優雅的芭蕾舞蹈學習。初閱此書，也許會誤以為讀的是一本介紹芭蕾舞蹈動作的專書，因為作者的書寫方式很特別，她以一個個高冷雅致卻晦澀難解的芭蕾舞專有名詞作為書寫骨幹，另搭配著一幅幅輕柔筆觸的芭蕾舞素描圖。

眼目遊走於優雅的標題、優雅的畫風、優雅的書籍編排中，每一頁都能讓讀者直覺連結起輕柔從容的芭蕾舞姿，然而，真正進入每一個專有名詞的立體描述後，方理解，每一個優雅舞姿的背後，盡是千錘百鍊的堅韌、恆毅力及數不盡之專注於當下所累積而成。

這才了悟為什麼作者要以芭蕾舞動作專有名詞做為書寫主幹。每一個專有名詞不僅僅是舞蹈動作，反映的更是深沉的人生哲理。比如：人生中每次在遇到難關時都需要plié，因為每個人都會遇到無數次需要「安全落地」和「重新跳躍」的時刻。

比如：隨緩慢音樂以極慢速舞動的adagio，表面上雖極其優美舒緩，卻需要舞者具備難以撼動的肌耐力勉力維持，作者因而從中領悟了自己最需克服的罩門：急性子。

芭蕾的attitude，也彷彿為人處世的態度。一個人核心

品德須拿捏得準,才可能在人生舞臺上恆久精彩。

作者一邊興奮地描述在芭蕾舞這個新領域中的各種新斬獲,一邊又從各種艱難的鍛鍊中,回望自己前半生的種種跌宕起伏。跳的是芭蕾舞,跳的也是歷歷在目的人生。

從苦澀到回甘,已然進入人生第二幕的作者,因而能在芭蕾新世界裡,以更平靜、更從容、更透澈了然的姿態,面對一個個高難度動作的挑戰。即便一次次重摔,卻勇敢地一次次再站起來。

芭蕾的最重要戒律就是:「不要在臉上露出你的腿正在做的事情。」為什麼50歲後優雅?不是因為一定得去學芭蕾,而是像芭蕾舞者,「無論正在做多困難的動作,臉上都不能失去微笑」。

是的,無論人生走過多少崎嶇之路,50歲後,已懂在風裡在雨中的感受,風雨既來更如風雨過後,已能仰臉面對,優雅從容。

——彭菊仙/作家

我進入JTBC(韓國電視臺)後,偶爾會驚訝地脫口說出:「看來做節目很簡單嘛!那些報社的人來這邊後都做得很好!」說這句話時,十次有八次是因為想到申藝莉,所以她突然被辭退,實在令我非常震驚。另一件讓我大吃一驚的事情是芭蕾,她竟然要學芭蕾?!原本以為她只是一時興

起，但過了一段時間，在我也快忘記這件事時，她突然拿著書稿來找我。沒錯，我看到書名後又大吃一驚，她離開投入三十多年的媒體業後，竟然轉而投入芭蕾。在認識她的這段期間，她總是讓我驚訝不已。不過，驚訝的只有我而已，她似乎早就準備好迎接人生一連串的落地與跳躍，看來，她從很久以前就掌握了，她所謂「第一次學到」的芭蕾基本動作——plié。

——孫石熙／前 JTBC 社長兼《新聞室》主持人

現代人平均退休年齡是 49.3 歲，平均壽命則是 82.7 歲，這表示有足足超過 30 年的退休生活，那麼退休後要做什麼、該如何生活？作者進入媒體業賣力工作了 33 年，卻在當上主管後面臨部門被解散的情況，不得已離開了喜歡的工作。她抱持著「頭腦混亂時就要活動身體」的想法，報名了芭蕾基礎班，並將一年來學芭蕾的奮鬥，以及 55 年來作為記者、主播和媽媽的經歷寫進本書中。雖然沒有嘗試過，會感到害怕，但要嘗試過才能明白，也才能做到。我們的人生就是這樣。芭蕾老師對她說：「本來就是要摔倒才能站起來。如果沒什麼大礙的話，就慢慢站起來吧！你打算要坐在那裡到什麼時候？」是啊！有什麼好猶豫的？如果希望以後能一飛沖天，那麼用力蜷縮之後，再重新開始就行了。

——李錦姬／《我們自在地說話吧》作者

一想到申藝莉,最先浮現的詞彙就是「活力充沛」。她讓《不一樣的教室》(按:JTBC的時事教養節目)誕生,同時也是這節目能持續存在的最大原動力,這樣的前輩迎來了人生嶄新的篇章!她會以什麼面貌來表現她那依舊炙熱的活力呢?一起翻開這本書感受看看吧!

——吳尚津／藝人

| 序 |
縮得越深，
是為了跳得更高

　　芭蕾課總是從plié（屈膝降低身體重心的動作）開始，這是將單手或雙手扶著扶把（barre），將身體挺直後，彎曲膝蓋再伸直的動作，要重複做好幾次。

　　在我帶著緊張又激動的心情來到芭蕾教室，開始上人生第一堂芭蕾課的那天，老師示範plié並問道：「有人知道為什麼要做這個動作嗎？」班上一陣寂靜，我小心翼翼地拋出答案：「是為了跳躍嗎？」雖然我沒什麼把握，老師卻說我答對了。這麼說起來，雙膝向外彎曲的姿勢，像極了青蛙跳躍之前的模樣，想到這點，不禁撲哧一笑。

　　在芭蕾中，plié是進行大大小小的跳躍前的預備動作，如果膝蓋彎得不夠低，就不可能跳得高。剛開始上芭蕾課時，老師看到我跳躍的樣子都會質問：「為什麼你總是跳不高，一直黏在地上？」這時，如果氣憤地回答「因為我的體

重太重了」，老師就會說：「不是那個原因，是你的plié沒有做好。」然後仔細地調整我的姿勢。神奇的是，可能是因為身體熟悉了這個動作，彈跳力進而提升，最近我跳起來時，已經比之前高出一個頭了。

但是，plié的存在還有另一個重要原因。人跟所有在地表上受到重力支配的存在一樣，無論跳得多高，總有一天都要回到地上；因此，如果落地時大腿僵直，關節就會吸收全部的衝擊，容易導致受傷，所以為了能安全落地、避免受傷，彎曲膝蓋是個非做不可的動作。

雖然每次上課已經聽到耳朵快長繭，但我後來領悟到，不僅是跳芭蕾，人生中每次在遇到難關時都需要plié，因為我們每個人在各自的生活中，都會遇到無數次需要安全落地和重新跳躍的時刻。

＊＊＊

剛好就在去年的這個時間，公司幾位記者晚輩為我舉行了歡送會，因為我在馬不停蹄地工作長達33年後，竟毫無預警地收到離職通知，可說是進入了我的安息年（按：猶太律法書規定，7年耕作週期的第7年，在安息年，土地需要休養）。旁人臉上寫滿了擔心，反覆問我「你還好嗎」，自從開始上班後，我不記得什麼時候休過超過一週的假；甚至

在過去收到人手不足的消息時，即使那時距離我分娩才過了一個多月，我還是跑回公司上班。

雖然以現在的角度來看，這不是什麼值得炫耀的事情，但在那個時期，人們普遍認為優先考慮工作、把個人私事擺一旁是一種美德。他們很清楚我對工作的無限熱情，也了解我的過去，自然很擔心失去工作的我，會像失去生活意義那樣受到沉重打擊。

那時我對他們說，出乎意料的是，我其實沒那麼難受，而且剛好趁這個時間，我開始去學長久以來嚮往、讓人感到浪漫的芭蕾，並告訴他們在芭蕾中，plié這個動作非常重要。我說，每天練習plié之後，對於環境突如起來的改變就沒有那麼衝擊了，反而能順利落地，現在甚至也慢慢做好了跳躍的準備。也許這番話聽起來很荒唐，但晚輩們聽了似乎也能產生共鳴，表情隨之變得明朗。

回想過去這段時間，我也覺得自己真的是馬不停蹄。當時很開心能和喜歡的人們一起做著喜歡的事情，並得到好的回饋。如果可以的話，我希望能一直持續下去，所以不斷鞭策自己，一點都不覺得辛苦或疲倦。直到我負責的部門突然解散，並在組織重整後離開總監的職位，我才切身感受到，任何人在往上爬之後，總會迎來向下走的時刻。

沒過多久，公司宣布全面大規模裁員，經營困難的情況一一曝光，沒有人料想得到公司狀況竟成了這個模樣，讓一

一直以來只朝著前方全速前進的我，連減速的空檔都沒有，就被迫停了下來。

第一次被任命為總監、同時晉升主管的那天，我就有預感，我在22歲開始做的第一份工作，可能無法讓我做到60歲屆齡退休，我長久以來的夢想可能會破滅。近期，社會上很少有工作能讓人做到退休，而且人們常說，主管其實是臨時員工，意思就是，公司一旦遇到困難，主管就是第一個被開除的對象。沒過多久，擔憂就成了現實，當時我的韓國年齡是55歲，滿54歲（按：過去韓國年齡的算法為剛出生嬰兒1歲，到了元旦再長1歲）。

周圍的同事和朋友都為我感到惋惜，說我還年輕，正值人生的第二幕，但是以（2022年的）調查數據來看，韓國勞工的平均退休年齡為49.3歲，這樣說起來，我算是撐很久了；而且，我在1990年進公司時，創下了當時公司入職年齡最低的紀錄，也就是說，我很早就開始工作，年資不會比一般屆齡退休的人還要少。

無論別人說什麼，我下定決心要揮別所有的遺憾，既然如此，就需要建立新的慣例。我覺得應該找出一件事，取代每天早起上班的行程。最後一天上班時，晚輩製作人J淚眼汪汪地到我的辦公室向我道別，在跟她對話的過程中，我的腦中突然浮現出答案的線索。

「您要好好生活！別因為難過就喝太多酒。」J說。

「別擔心，我心情不好時不會喝酒，要喝就應該趁著高興時暢快地喝。憂鬱時運動還比較好呢！頭腦如果混亂就該活動身體，運動就是良藥。」

沒錯，就是這個！我在30歲出頭時，就因為工作過勞導致健康亮起紅燈，後來透過健身和瑜伽等運動維持健康。壓力一大，我一定會出門一小時左右，透過走路或跑步來抒發壓力，但這次不一樣，那種輕鬆的運動肯定無法解除我的壓力，我現在正準備毫不留戀地告別33年來傾注熱情的職場，所以需要更強而有力的挑戰，讓我完全忘記所面臨的沉重現實。

雖然我常常活動身體，但這次必須做以前從來沒做過、難度不容小覷、讓我不得不完全投入的事。當我在釐清什麼運動能滿足這些條件時，最先想到的就是芭蕾。

「的確，如果不是這個時候，什麼時候才要試？在我剩下的人生中，最年輕的時候不就是現在嗎？眼睛一閉、鼓起勇氣試試看吧！」

趁自己改變心意之前，我立刻在住家附近找到一間芭蕾教室，並告訴老師，我這輩子都沒跳過芭蕾，現在才想學，年紀已經有點大了，不知道能不能報名。老師並沒有正面回答，而是說「先上看看」。我緊張兮兮地上第一堂課時，就學到plié這個動作。聽著關於跳躍和落地的說明時，我心裡有多麼想哭啊！

就這樣，我在55歲這個不小的年紀，首次踏入芭蕾這個領域，之後逐漸熟悉了陌生的身體語言，重新整頓自己。大家都說「芭蕾有入口但沒有出口」，現在我沉浸在芭蕾的魅力中，充滿活力地過著每一天，也在一天天當中，切實感受到一年前的選擇實屬正確。

　　最近我的一天就是從芭蕾開始。不再是匆匆出門上班，而是先在家裡從容地伸展、放鬆後，再去芭蕾教室；上午的課程結束後，回家就做些新的事情，我現在以兼任教授的身分在大學授課，也是非營利學術財團的諮詢委員，參與製作知識型內容。除此之外，還有很多計畫正在進行，因此我非常期待往後在人生第二幕會有多麼有趣的挑戰。俗話說「上帝為你關上一道門，就會為你開啟一扇窗」，對我來說，這扇窗就是透過芭蕾開啟的。

　　原本我差點在毫無準備的情況下，像被折斷雙翼的鳥一樣墜落，幸好在那一刻遇到了芭蕾這個陌生的世界，並且順利落地。如果我因為失去工作，從此一蹶不振，那絕對不可能發生這些事。也就是說，還好我並沒有因為非自願離職而感到絕望，也沒有覺得自己「已經年紀不小，老狗變不出新把戲」而提早放棄。看來我順利地完成了生活中的plié──盡可能地壓低身體的重心，減輕落地時可能受到的傷害，接著以低姿態努力邁開步伐，大步走進陌生的世界。

　　無論是誰，在生活中都會有那麼一刻，因為意想不到的

考驗而感到沮喪、因為看不到未來而覺得眼前一片漆黑。倘若未來遇到這樣的時候，希望你一定要記住這句話：「在落地的那一瞬間，請立刻做出plié。為了跳得更高，你需要一段能彎得很低的時間。」

第 1 部

55歲，
第一次穿上芭蕾舞鞋

擺脫身體長年熟悉的習慣，
用不舒服又辛苦的方式鍛鍊肌肉。
如此讓全身做好面對全新世界的準備。

使用以前沒有用過的肌肉，
改變才會開始

turnout
腿部外旋

從髖關節開始，大腿、膝蓋、腳掌都轉向身體外側。這是所有芭蕾動作的基本姿勢。

每個人都喜歡安逸而非改變，今天像昨天一樣、明天像今天一樣，按照慣性過生活很舒服，我也是如此。在同一個職場打滾長達33年，與熟悉的人在熟悉的環境中從事熟悉的工作，我已經相當習慣這種穩定感。當然，我曾從報社轉到電視臺，之後又將業務範圍擴大到數位領域，身分確實一直在轉換：記者、製作人、主播，但是無論如何變換，我仍待在同一間公司的舒適圈裡。

　　每當看到有人為了取得更好的工作條件、更高的薪資，或是向更值得信賴的領導人學習而果斷離開、走向新的工作崗位時，我都會感到訝異。「他怎麼能那麼勇敢呢？」在完全陌生的環境下從零開始究竟有多難，就算要我揣測，我也毫無頭緒。

　　然而，這次我毫不畏懼地跳進芭蕾這個世界。老實說，在跳芭蕾時，連站在原地不動，對我而言都是陌生且艱難的

挑戰。通常我們站在地上時是雙腳直立，兩腳間距約齊肩，可是芭蕾連這種觀念都打破了，必須以一個外行人想都想不到的姿勢站立，而且還得站得穩。

進入芭蕾教室，首先會學到五項基礎，其中第一項是一位腳──雙腳腳後跟緊貼在一起，腳尖向外打開，使雙腳呈一直線；二位腳是在一位腳的狀態下雙腳張開，間距為一腳寬，之後腳的位置持續改變，一直發展至五位腳。但在這所有姿勢之中，必須保持不變的就是 turnout。

如果要做出正確的 turnout，不只腳尖，髖關節、膝蓋到腳掌，整個腿部都要向外轉。初次體驗的人一定會驚慌不已，同時也會相當痛苦，因為要使用平時沒在用的肌肉才能勉強擺出這個動作，而且還要付出龐大的努力，才能維持這個狀態。

上芭蕾課時，我最常被老師指責的部分也是 turnout。「turnout 沒做好」、「多注意 turnout」，幾乎所有學員在上課時都會重複聽到同樣的嘮叨。除了基本的腳部姿勢之外，無論是 tendu（腳尖滑地，向前方、後方、側邊移動）、dégagé（做完 tendu 後將腳伸向空中）、rond de jambe（一條腿在地上或空中畫半圓）還是其他移動下半身的動作，都一定得搭配 turnout。

可是，因為一般人平常不會以這種方式活動，所以做起來非常不容易，也無法輕易習慣。我在吃盡苦頭後，按捺不

住好奇心到處查找資料,想知道到底是誰發明出如此不自然的姿勢——原來,罪魁禍首就是法國國王路易十四(Louis XIV)的芭蕾老師皮埃爾・博尚(Pierre Beauchamp)。

起初芭蕾只是貴族之間的娛樂活動,直到路易十四時期才正式發展成表演藝術。路易十四創辦了皇家舞蹈學院(Académie Royale de Danse),而博尚在路易十四的幫助下,有系統地整理了包含五大腳位在內的各種動作和技術,並且進行教學。

也就是說,讓我頭痛的turnout就從這個時期出現,其淵源眾說紛紜,有一說是,當時的舞者們穿著跟鞋跳舞,為了向觀眾展示舞鞋鞋跟的精緻設計才將腳尖朝外;還有一說是,為了能在不背對國王的情況下,讓腳自由地往各個方向移動,所以才需要turnout。

不過,據說博尚原本強調,在做turnout時,雙腳張開的角度不應超過45度(資訊取自國際舞蹈醫學與科學協會〔IADMS〕),這是由於當時舞者穿的是有跟的鞋子,很難做出角度太大的turnout;但隨著時間流逝,外轉的角度越來越大,現在職業舞者的原則是,在一位腳時,雙腳張開的角度會盡量維持在180度,顧名思義就是一直線。雖然難以置信,但有些柔軟度極高的舞者turnout的角度,甚至會超過180度。

情況變成這樣,使得像我這種把芭蕾當興趣在學的人,

也得為了能張大到最大角度而使出渾身解數。倘若按照博尚當初說的那樣做turnout就沒什麼問題，只能怪上個時代的舞者們竟然在比誰能把腳打得更開。

甚至有人因為勉強將大腿轉到這輩子沒轉過的角度而受傷，不久前，我的髖關節和骨盆附近的肌肉也痛了很久，大概是因為我在暖身不夠的情況下著急地做了turnout。之後我擔心會受傷，所以做動作時都小心翼翼，現在我的一位腳外旋角度大概停留在150至160度。

當然，我還是迫切地想要進步，因此一有空就做伸展運動來強化turnout所需的柔軟度和肌力，如蝴蝶式和蛙式等。蝴蝶式是在坐著時，挺直胸部和腰部，將大腿向外側打開，腳掌貼在一起後，雙手抓住腳趾拉近身體，接著在這個狀態彎曲身體，讓額頭接觸地面，然後盡量維持久一點；而蛙式是指將腿向後伸，做出青蛙後腿的腳型，然後雙臂向前放下，逐漸撐開大腿，讓骨盆和大腿貼地。

為什麼非要冒著受傷的危險，模仿蝴蝶和青蛙，勉強做到turnout不可呢？做turnout既是為了機能，也有審美考量。首先，如果能將turnout做好，大腿的活動範圍就會擴大，可以踢得更高、更遠；另外，大腿內側肌肉也能發力，以穩定的姿勢保持平衡，這些都是為了做出各種芭蕾動作所需的能力。再加上，聽說芭蕾能有效修飾多餘的肌肉，讓腿部線條變美，所以無論這個動作有多麼陌生又辛苦，還是只

能忍受。

＊＊＊

除了 turnout 之外，芭蕾還有一個基本姿勢，在日常生活中完全不會用到，就是 pointe（立足尖）。pointe 跟英文的 point 讀音相同，但 pointe 指的是伸直腳掌，讓腿看起來更修長。如果要做出標準的 pointe，就要收縮跟腱，將腳背推到最遠，然後伸直腳趾。

這個動作和 turnout 一樣，平常完全用不到，但在跳芭蕾時，無論做什麼動作，腳都要一直保持 pointe 的狀態，真的令我非常頭痛。像我這樣的初學者，只要一不留神就會回到原來的腳型，所以上課時常常被老師問：「腳怎麼會這樣？pointe 去哪裡了？」次數已經多到數不清。

只要是受過 pointe 鍛鍊的職業舞者，腳背都會呈拱形，在一般人眼中或許有點奇特，但這種像腰果的形狀，其實被推崇為芭蕾世界中最美的腳型。

還記得某一天，老師或許是想把我那像杏仁的腳變成腰果的形狀，便抓住我的腳背用力拉長，讓我的腳尖有那麼一瞬間碰到了地面。雖然當時我痛得大叫，但其他老師和同學看到後一致表示：「那樣的腳太漂亮了。」

在基礎班的同學當中，偶爾會看到有人天生腳背就是拱

形，說實話，看到他們不用付出任何努力就擁有那麼漂亮的腳，著實讓我羨慕不已。

想做出標準的pointe，就必須穿硬鞋（pointe shoe），這種鞋子的腳尖部分用堅硬材質製作，顧名思義就是很硬的鞋子，穿上後光憑腳尖也能站立。只要是學習芭蕾的業餘者，都會對硬鞋抱有幻想，但用看的也知道，訓練不足的人穿上後肯定會受傷，所以大部分芭蕾教室都會讓學生穿布製的練習用鞋。

第一次穿高跟鞋時，應該有過腳後跟磨破皮、血流不止、腳掌起水泡的疼痛經歷。聽說第一次穿硬鞋時伴隨而來的痛苦，比穿高跟鞋更劇烈，完全超乎想像；因此，我起初打算放棄此般幻想，但後來還是燃起了鬥志，覺得既然已經開始跳芭蕾，就要挑戰硬鞋。不過，現在我的心還是像蘆葦一樣搖擺不定。

硬鞋正式登上芭蕾歷史，是自十九世紀初，芭蕾傳奇女伶瑪麗・塔葛里歐尼（Marie Taglioni）穿上臺後開始。在與《吉賽兒》（Giselle）一起並列浪漫主義芭蕾的代表作《仙女》（La Sylphide）中，她穿著硬鞋、以足尖站立，像精靈一樣輕飄飄、飛也似地跳著舞，還說自己完全感覺不到重力。為了表現得像精靈而非人類，她付出了多大的努力！

開始學芭蕾後，每當看到站在舞臺上的芭蕾女伶，都能切身感受到她們在舞臺下度過的無數艱辛時光，讓我打從心

底尊敬她們，同時也為她們感到不捨。她們反覆進行如此艱難的訓練，為的是表現出超現實的美，這就是芭蕾的真諦。

聽說，最近休閒芭蕾（按：以興趣為目的的芭蕾舞課程，不要求有舞蹈基礎，也不以專業表演為目標）在二、三十歲女性之間流行起來，因此在網路上也掀起了一番爭論，有人認為「芭蕾舞非常優美」，也有人主張「芭蕾對人體造成過度的束縛」，雙方意見僵持不下。身為一個親身體驗過的人，對後者的意見深有同感，turnout 和 pointe 就是平常完全不會做的姿勢，做起來既辛苦又不舒服，難怪韓國芭蕾明星之一、美國芭蕾舞劇院（American Ballet Theatre，簡稱 ABT）首席舞者徐姬（Seo Hee）曾說，她覺得芭蕾「不近人情」。她在一次訪談中說道：

「實在很殘酷。芭蕾動作幾乎完全違反了人類的自然狀態。偶爾會埋怨，為什麼自己的動作做得這麼差？但後來想想，做不到其實很理所當然。不過，我還是這麼喜歡芭蕾，實在無可奈何。」

而我自己，也喜歡上了「不近人情又殘酷」的芭蕾，因為芭蕾實在是太美了。「為了自己喜歡的事，而承受某種程度的痛苦和受傷的風險」，這心情並非只有跳芭蕾的人才會經歷，因此我覺得芭蕾爭議的結論應該是各自的選擇，要為

了美而忍痛,還是為了逃避痛苦而放棄美。

學習 turnout 和 pointe 的過程,讓我捨棄長久以來身體熟悉的習慣、重生為全新的自己。在如此刻意讓身體感到不舒服又辛苦後,如今改變後的模樣實在令我始料未及。

我原本的願望,是像溫室的花草那樣,做第一份工作直到退休,然後平平安安地離職,遺憾的是,這個願望未能實現。事情來得突然,起初我感到十分茫然,但我鼓起勇氣踏入名為芭蕾的陌生世界,開始練習 turnout,動員這輩子從未使用過的肌肉,慢慢地,一種莫名的自信湧了上來。

像我這種活了大半輩子、還不知道自己大腿內側有肌肉的人,都能派上用場了,哪有什麼做不到的事情?到了這把年紀,不僅能跳芭蕾,還能忍著肌肉疼痛做 turnout,那在陌生環境裡和陌生的人一起做陌生的工作,好像也可以勇敢地去面對。

為了那陌生又美麗的樣貌,我今天也繼續用從未試過的方向和方法來鍛鍊肌肉,讓全身做好面對全新世界的準備。

退休後,重新回到初學者

tombé
落下

腳尖落地時伸出的腳步,通常用於連接 pas de bourrée(細碎舞步)等其他腳步。

學芭蕾的過程中，會遇到無數崩潰的瞬間，我遇到的第一個考驗是tombé（落下）。大概是在第二、第三堂課，那時我第一次聽到tombé這個詞，沒想到的是，老師還叫我們連著「細碎舞步」（pas de bourrée）一起做，做出tombé pas de bourrée。

　　這種時候，哀號「我不會、做不到」也沒用，因為上基礎班的學生中，每個人的經驗都不同，有些人熟悉的動作，對其他人來說可能很陌生；由於不是一對一授課，無法要求老師配合每個人的程度，所以即使出現自己不知道的動作，也得觀察同學、模仿他們的動作跟著做。

　　我努力偷看旁邊的人，想方設法度過了上課時間，但不管怎麼說，我還是對於沒能好好做到、只是蒙混過去而耿耿於懷。因此，在下課後，我鼓起勇氣和C同學搭話：「不好意思，剛剛那個tombé pas de bourrée到底要怎麼做？動作

太難了,我怎麼看也看不懂。」

聽到我突如其來的求助,正在更衣室換衣服的她立即停下動作、站起來示範,慢慢教到我理解為止。她示範幾次後,還傳授了重要的祕訣,那就是——以後如果有卡住的動作,可以上 YouTube 找芭蕾相關影片來練習,這樣實力就會大幅進步。實在太感謝她了,我連連點頭致謝。

之後我按照她的建議,每當跟不上課堂出現的動作時,就在 YouTube 上搜尋該動作的說明影片複習,只不過,YouTube 上不同老師的教學方式和內容略有不同,以初學者立場來看反而更混亂。

這時我會再次向其他同學發出求救訊號:「請問轉圈之後,腳是要向前還是向後?」、「做 en avant(往前,雙手在胸線下方畫圓)時,手肘要抬多高?」

無論如何,同學都比影片更有幫助,因為他們能直接看著我的動作,指出問題在哪裡、怎麼做才能改善,更能解開我的疑惑。雖然我也常常問芭蕾教室的老師,但是老師跟我簡直是兩個世界的人,層次天差地別,所以他們有時很難理解我為什麼做不到這麼簡單的動作。因此,比我領先一、兩步的同學,是更適合我的優秀老師。

＊＊＊

可能是因為我去的舞蹈教室就在大學附近，所以班上學員大多是二、三十歲。我每週有三、四個時段會與學生、上班族、請育嬰假的媽媽等各種背景的年輕人一起探索芭蕾的世界。

我們喜歡把一起跳芭蕾的朋友稱為「芭伴」（芭蕾夥伴的簡稱），我因此擁有了幾個年齡差距足足有20到30年的「芭伴」。有了年輕的朋友後，我非常高興，但考量到那些朋友可能會感到有壓力，我並沒有透露自己的年齡。事實上，撇開年齡、職業、學校、婚姻狀態等各種差異不談，我們光是憑著喜歡芭蕾的共同點就能拉近彼此的距離，這就是休閒芭蕾的特色。

更何況，學芭蕾的難度非同小可，所以「芭伴」之間甚至萌生出一種革命情感，如果有人在課堂上表現得比以前更進步，大家會像自己進步了一樣開心地為他鼓掌。幾天前就是這樣，一位新加入基礎班的同學，第一次成功完成她覺得很困難的轉身時，大家都迫不及待地真心恭喜她。

雖然芭蕾本來就很難，但不知道是不是因為我有年紀了，臨機應變能力下降，常常無法像同學那樣快速領悟新動作，只好在上課時偷看同學、勉強跟著做，等下課後再纏著有時間的人向他們請教；這對我來說就是一種「課後班」，因此，我經常請對方吃午餐來支付「學費」，而且在努力活動身體後，幾個人一起吃飯的感覺真是好極了。

C在教我tombé pas de bourrée後，成了我的第一位課後班老師，也是我能吐露心聲的閨蜜；除了芭蕾之外，我們兩人在閱讀、美術等領域的喜好也很相似，所以我總是很享受跟她一起度過的時光。

　　另一位K比我早半年開始學芭蕾，所以我會半開玩笑地稱她為「前輩」。她總是犀利地點出我的缺點，因此我非常感謝她，除了芭蕾動作之外，她還仔細告訴我初學者絕對不可能知道的有用資訊，比方說各個季節適合穿的芭蕾練習服、哪裡可以買到便宜的舞衣、什麼尺寸適合我等。中國留學生W也是我不可或缺的珍貴朋友，有時我們下課後還會一起練習，每次我感到辛苦時，她都會熱情地為我加油。

　　有一次老師教到pas de valse en tournant（旋轉的華爾茲舞步），但我無論是在上課還是課後練習時，都一直學不會，這讓我很挫敗，嘆氣道：「看來我不是這塊料⋯⋯。」W或許是看到我這副模樣而擔心，當天很晚的時候，她找了一個清楚示範該動作的中文影片，用KakaoTalk（按：韓國普遍使用的通訊服務軟體）傳給我，還附上一句真誠的鼓勵：「姊姊加油！」

　　我不只和她傾訴學芭蕾的各種煩惱，也約好以後一定要一起進入高級班，因此，我們之間的友誼越來越深刻。有趣的是，我過了很久之後才知道，其實我和她爸爸同年，甚至還大她媽媽一歲，但在休閒芭蕾的世界裡，年齡有什麼大不

了？我們繼續維持著親密的「芭伴」與姊妹關係。

＊＊＊

我在大學同學會上聊起這件事，發現對其他人來說，和年輕人一起學芭蕾、課後請教他們並不是件易事。同學們異口同聲地說我很了不起，其中一位朋友最近開始學芭蕾，她說有幾位女高中生報名後另外組成了一班，因為不管再怎麼說，和年齡、實力相近的人在一起，才會感到自在、不會有負擔；當我問她上課氛圍如何、是否學得順利時，她笑著說：「大家都一樣遜。」

聽完那番話我才驚覺，身為一個從未接觸過芭蕾的人，毫無畏懼地踏入主要是二、三十歲年輕人的班級，似乎相當莽撞。不過，現在才說似乎有點太遲，但剛開始的時候，我其實也不是完全沒擔心過：我年紀大、又跳不好，萬一被排擠該怎麼辦？不過心中有一塊角落，還是相信自己無論如何都能堅持下去，這股信心源於過去 33 年，我在職場上一直以「資深老鳥」的身分，跟年輕同事們近距離共事、交涉；更何況，在我所從事的電視產業，對潮流保持敏銳很重要，假如節目或內容落伍了，就很難有競爭力，因此電視臺內部也逐漸建立起一種傾聽年輕世代聲音的氛圍。

不僅是上班時間，下班後我也會單獨約晚輩吃飯、喝

酒，努力聽他們說話。當我分享這些故事時，有人會批評我是個不識相的上司；也有晚輩會說，比起跟他們一起出去，直接讓他們刷法人卡（按：以公司的名義辦理的個人信用卡，支出最後由公司結清），他們會更開心。但我的想法不一樣。晚輩們討厭的是只會口沫橫飛、自說自話的頑固上司，如果是樂意傾聽他們意見的前輩，他們仍樂於一起相處；而且，聽說在新冠肺炎期間，公司禁止同事聚餐，部門晚輩比我更感到可惜。

我的公司在2022年初決定開始拓展數位領域的業務之後，需要與年輕晚輩交流並學習的事情一下子多了許多。當時，公司決定將這段時間製作的講座節目品牌擴展到線上，讓品牌的知名度能跨出電視圈，但問題是，在製作數位內容這方面，我無異於新手，茫然的程度不亞於剛開始跳芭蕾舞的時候。

當時我找到的解決方案，就是每天和晚輩製作人一起絞盡腦汁。在建立並經營以講座節目為名的YouTube頻道時，為了能增加訂閱人數和觀看次數，我盡可能地聽取晚輩充滿新意的建議；剛好，數位內容製作組的成員都比其他組年輕，他們希望跳脫電視節目既有的風格，更毫無顧忌地搭配網路環境來發揮創意。

「雖然看起來很俗氣，但還是要選出很吸睛的縮圖和字幕」、「在數位原生內容中要夠搞怪、夠無厘頭」，他們拋

出的建議我幾乎是二話不說、照單全收，因為在數位的世界裡，晚輩比我專業得多，所以這麼做是理所當然的。我乾脆制定了一項原則：「數位內容一律按照年輕製作人的要求去做。」不僅自己這麼做，還鼓勵其他同事一同遵守。

多虧有這樣的溝通方式，我們的 YouTube 頻道在一年多的時間內就創下 60 萬訂閱人數的亮眼成績，本來想再加把勁衝到 100 萬，卻不得不中途放棄這個夢想，實在很可惜。

事實上，無論是學芭蕾還是製作數位內容，新手要適應絕對不容易，而我能完成這些艱鉅工作的祕訣，就是向年輕人們求教。

最近韓國流行一句話：「做得比我好的人就是哥哥。」我百分之百贊同。要是仗著自己年紀大、資歷深就擺架子，假裝什麼都知道，最後只有自己會吃虧。我認為，只要有人做得比我好，無論對方是誰、年紀大小，我都會敬重地向他詢問並學習，因為這麼做肯定穩賺不賠。

對於即將成為一位「退休新人」，我最先做的也是去找這個領域的高手，徵求他們的意見——也就是那些已經離職的前輩。我不僅去見比我更早進公司的大前輩，也見了一些晚輩。

我想聽聽這些人的寶貴經驗，他們年紀輕輕就基於各種原因而辭職、走上別的道路，尤其是晚輩 L，他後來成了前景看好的新創公司老闆。在離職這檔事上，他是我的前輩，

而他的故事給了我與眾不同的刺激。

　　他說：「你即將開始人生全新的第二幕，請專注於製作出公司絕對無法搶走、專屬於你的內容。職場生活總有一天會像這次一樣畫下句點，但是以你的名字下功夫製作的內容，會成為屬於你的獨特資產。以後不要再為別人工作了，為自己工作吧！」

　　基於他的親身經歷給出的建議實在非常珍貴。我想藉這個機會向帶給我龐大動力的晚輩，同時也是我的前輩、老師表達感謝：「謝謝你，你讓我學到了很多！」

打算坐在那裡到什麼時候？

spotting
定點法

在芭蕾中轉圈時，即使身體轉動，也要盡可能固定頭部，在最後一刻再快速轉動。這是盡可能固定視線來欺騙大腦、防止頭暈的技巧。在 pirouette（旋轉）、soutenu（支撐）、chaînés（連鎖旋轉）等多種轉身動作中都需要。

我有「樓梯恐懼症」，上樓梯沒問題，但要下樓梯時，我總會盡量貼著牆走，一步一步、小心翼翼地邁開腳步。我之所以會對樓梯感到恐懼，是因為我在1990年代中期經歷過一次驚險的事故。在如今已消失的西小門（按：位於首爾市中區）東側廣場入口處，曾經有一段長長的樓梯，某次我跟人約了午餐，卻因為遲到而匆忙趕路，一不小心被褲腳絆到，整個人滾下樓梯。可能是因為發揮了求生本能，在手腳慌亂保護之中，頭部安然無恙，只是膝蓋破皮出血、全身多處瘀青。雖然沒有受重傷，不過這次意外仍讓我在許多人面前出盡洋相，那羞愧不已的記憶至今仍歷歷在目。

　　儘管已經是將近30年前的事，但那一次重摔的回憶，還是讓我每次站在樓梯前都畏畏縮縮。但又能怎麼辦？如果沒有電梯或手扶梯，我仍必須克服恐懼、邁出步伐。然而，在跳芭蕾舞時，我也經歷了這樣的時刻，在做pirouette這個

原地旋轉動作時，我不只摔過一次，而是重摔了兩次。

當時我上課剛滿一個月，第一次學 pirouette，畢竟是這輩子第一次學轉圈的動作，當然不可能一下子就做到好。原本應該要在單腳腳尖站立的狀態下轉圈，卻因為失去平衡而摔倒在地。當時，我不僅害怕，又感到頭暈目眩，呆坐在地上好一陣子。

後來，老師走過來關心。我說，多虧是肉多的大腿和臀部著地，雖然有點痛，但似乎沒有大礙。老師一聽，說句「太好了」，便接著說：「本來就是要先摔倒，才能再站起來。如果沒什麼大礙的話，現在就慢慢站起來吧！你打算坐在那裡到什麼時候？」

聽到這句話，我胸口沒來由地一陣發熱，過去人生中那些跌倒、摔跤的瞬間一幕幕浮現在腦海裡。「是啊，當時真的很辛苦，但我還是站起來了，正是因此，才能堅持到現在⋯⋯。」這次也是因為有老師嚴厲的鼓勵，我才能甩開羞愧感，重新再站起來。

摔過一次就算了，我實在不想再摔第二次，之後幾個月，我反覆練習 pirouette。雖然一開始怎樣都做不成，但不知哪天開始竟突然成功了，但問題是，我做不到在 pirouette 和所有轉身動作中需要的 spotting（定點法）。

跳芭蕾時，身體必須要熟悉 spotting，這樣旋轉時才能快速轉動且不頭暈，甚至能轉超過一圈，最後達到兩圈、三

圈。不過，我連嘗試 spotting 的勇氣都沒有。好不容易能轉圈了，萬一為了嘗試新技巧又摔倒怎麼辦？光是這個念頭就讓我不敢輕舉妄動。

於是，儘管老師質問我「什麼時候要開始 spotting」，我還是假裝沒聽見，停留在頭和身體一起慢慢轉動的程度。但是，不能因為害怕就永遠逃避。在進入基礎班的第六個月，原本生疏的動作我都已經相當熟悉，只有 spotting 依然沒有進步。我想，要是無法克服這道難關，就絕對無法再進步，於是那天我鼓起勇氣，在上課時嘗試在 pirouette 的過程中做 spotting。

J 老師告訴我一個隱藏祕訣：「就像把橡皮筋拉到極限後『啪』地彈出去一樣，像那樣轉頭看看。」我照做之後，好像終於抓到感覺了。為了表現出橡皮筋彈開的感覺，我練習了很多次，甚至聽到「差不多快成功了」這樣的稱讚。然而，最後在我想要一次做到完美時，身體突然傾斜，重重地摔到地上。可能是因為太心急了，導致頭部用力過猛，破壞了身體的平衡。

雖然這次也是比較有肉的部位落地，但第二次並沒有比較不痛，再加上我在基礎班年紀最大，所以比第一次摔倒時更丟臉。我忍著痛、咬牙站了起來，J 老師故作鎮定地壓下驚訝神情，用輕描淡寫的語氣安慰我：「轉身本來就是要邊摔邊學。以前我練 pirouette 的時候也摔了不知道幾次，往

前、往後都摔過。」為了減輕我的尷尬感,她貼心地替我解圍,讓我不爭氣地鼻酸起來。

隔天沒有芭蕾課,我跟往常一樣到社區健身俱樂部的團體教室,獨自練習前一天做得不太順的動作。我順過各種動作,最後只剩下 spotting 及 pirouette,但前一天疼痛的記憶卻讓我猶豫不決。「萬一嘗試後又摔倒怎麼辦?還是不要做好了!」「不,如果因為害怕而逃避,那我永遠做不到,一定要試試看。」經歷一番掙扎後,最終我選擇了後者,我不希望自己因為害怕而就此一蹶不振。

我努力穩住情緒、小心翼翼地轉身,一次、兩次、三次……當我發現轉了好幾圈也沒有摔倒後,就盡我所能開始加上 spotting。雖然完成程度還說不上令人滿意,但我至少克服了恐懼。「沒錯!你真棒!」我在心裡大力稱讚自己。

* * *

第一次把自己在學芭蕾的消息寫到臉書(Facebook)上時,我不只收到「為你加油」的留言,也有同樣多條留言告訴我:「你已經有年紀了,小心不要受傷。」看著那些字句,我不禁苦笑,心想「看來我年紀真的不小了」,或許我在某些人眼中,是那種做些新嘗試就很容易受傷的人。

當我跟高中同學提起轉圈摔倒的事情時,也收到了類似

的指責:「欸,你年紀也不小了,就不能把芭蕾當興趣、挑簡單的動作做就好嗎?做你能做的就好,太難的動作直接說做不到。何必為了出風頭,把自己搞到跌倒?」我們已經很熟了,她才能這麼直言不諱地說出內心話,但我堅決地告訴她我無法那麼做,既然開始學芭蕾,我就想盡力做到最好,況且,說不定未來我即使想做也做不了,所以在那個日子到來之前,我都會一直魯莽地衝撞。

在過去33年,我在工作崗位上也是抱著同樣的決心,即使摔倒,也會馬上拍掉身上的灰塵,重新站起來,這是來自我不服輸的性格,我不希望等到以後想做也做不到時才後悔,所以不管怎麼樣,能做的時候就要去做。

在2020年年底,我傾注多年熱情、擔任主持人的深夜談話性節目《通宵討論》,因公司狀況不得不結束,那時我也抱著同樣的想法。

《通宵討論》在韓國電視臺的所有談話性節目中,直播時間最長,使得此節目從一開始就相當具有話題性,因為其他競爭節目的直播時間是70分鐘或100分鐘,但我們的節目長度超過3個小時,從週五晚上12點開始,到週六凌晨才結束。真可說是極限節目,甚至在第100集特別節目時,製作組一致表示「我們真的通宵一次看看」,結果創下直播時間5小時31分鐘的最長紀錄。仔細想想,那時到底是哪來的精力能撐下去,連我自己都忍不住搖頭。

這節目的起點是 2013 年的夏天,我隨口向當時的社長孫石熙提出了一個企劃點子。那時韓國政治對立的狀況就跟現在一樣,使得社會嚴重分裂。我問:「一、兩個小時的對談根本無法得出結論,讓雙方代表通宵討論怎麼樣?如果彼此都能說出所有想說的話,是不是更容易獲得共識?」沒想到社長回我一句「誰提誰負責」,因此,我一肩扛起企劃、製作人兼主持人的責任,長達七年兩個月。

雖然是我提出來的,但實際在一個地方一動不動、坐 3 個小時以上並不容易,更別說還得在大聲講話、立場完全相反的辯論嘉賓之間斡旋協調,我一刻也不能鬆懈。在直播過程中,也有很多令人冷汗直流、衝突一觸即發的瞬間,某次有個立委討論到一半,情緒激動到離開攝影棚,許久都沒有回來,讓所有人焦急不已;還有一位來賓在直播前幾個小時,以「上級指示」為由,臨時取消出演,各種令人頭痛的突發情況,幾乎沒完沒了。

遇到這種情況,也只能勉強一關關撐過去,一邊解決問題,一邊累積製作節目和主持的實力。

除了來賓的狀況之外,我也有個說不出口的困擾。由於節目沒有休息時間,我得長時間守在主持人的位置上,所以連一杯水也無法放心地喝。如果是來賓,偶爾離席去解決緊急的生理需求並不是什麼大問題,因為只要把畫面聚焦在其他正在發言的來賓身上就行了;但是主持人不能任意離席,

所以就算咳嗽、口乾舌燥,還是只能吞著口水忍耐。

有一次,我的腰突然劇烈疼痛,完全無法挺直、甚至走不動,讓製作組非常擔心,但是真的坐上主持人的位置後,我竟然能表現出一副沒事的樣子,彷彿腰痛的人不是我。直播必須順利進行的責任感和緊張感,讓我瞬間忘了嚴重的腰痛,這件事也讓我感受到人體的奧祕。

這麼多年來,我傾注一切到這個節目,實在無法輕易道別。聽說主持節目的人一旦離開鏡頭,就會出現嚴重的戒斷反應,但是對我來說,比起無法再上電視的遺憾,更令人惋惜的是,我在製作長時間談話性節目的過程中累積的技巧和人脈,失去了用武之地。雖然我無論如何都想找辦法再次用上這些軟實力,可是我和同事都長期處於非常疲憊的狀態,所以決定先充電一段時間。當我擺脫定期熬夜的生活後,終於能好好睡覺,也透過規律運動恢復健康,而且在逃離直播的壓力後,頭腦也感到輕鬆許多。

就這樣休息一個多月後,我決定與想要大展身手的製作人晚輩,合作進行新的挑戰,但這時公司經濟狀況窘迫,無法期待得到經費支援;因此,我們反覆思考該如何在幾乎零成本的情況下製作內容,結果就推出了YouTube版的《通宵討論》。

與電視上播出的談話性節目相比,YouTube版的製作環境簡直惡劣至極,拍攝地點不是正規攝影棚,只是在公司內

部的休息空間，找一個角落架了幾臺攝影機；我則在沒有寫手的情況下，自己準備腳本，再加上沒有預算聘請攝影師，每次都是有空的製作人輪流掌鏡，其中也有人是大學畢業後第一次拿起攝影機，並問：「欸，這要怎麼用啊？」晚輩們一邊努力回想使用方式、一邊學習操作，那畫面令我印象深刻，既讓人心疼又逗趣。就這樣，所有人都是硬著頭皮在不熟練的狀態下先做再說。

就算不提經費的問題，離開熟悉的電視畫面、轉戰陌生的YouTube，這本身就是超乎想像的艱難挑戰。為了迎合受眾偏好的簡潔與快速節奏，製作人需要重新學習剪接方法，馬上進入重點，我也得習慣以輕鬆自在的方式主持。光是討論字幕該上得多直接，意見就已經嚴重分歧，持續一、兩天僵持不下。

我在YouTube界是個新手主持人，對於晚輩製作人提出「再放開一點」的要求，一開始也很難接受，就連大部分YouTuber都能撒嬌似地說出的臺詞：「記得按讚加訂閱哦！」也讓我感到很難為情。第一次拍攝時，製作人反覆地說：「氣氛要再開心一點，我們再拍一次。」也一直建議我改變姿勢和表情，不知道重拍了多少次。

幸運的是，後來我們越拍越起勁，也開始有了變化。當我們關注到YouTube的命脈在於點閱率和觀看次數後，便拓展了來賓的類型。初期主要訪談對象是我在談話性節目中

認識的政治人物，後來逐漸朝著擁有廣大粉絲群的藝文人士進攻；同時，我覺得採訪方式應該要有所改變。我得到的結論是：訪問政治人物的重點，在於提出尖銳且意想不到的問題，藉此獲得獨家新聞；相反地，採訪藝文人士時，要做深度的討論，甚至問到粉絲會很好奇的細節之處，這樣才有競爭力。

　　因此，邀約來賓後，我總會抱著要成為鐵粉的心情，像做研究一般準備許多非常細的問題。多虧有這麼做，每次上傳新採訪影片後，都會有人留言說：「這位主持人肯定也是○○○○（該來賓的粉絲名）。」讓我不禁莞爾一笑。

　　也許是這樣的策略奏效，後來節目知名度增加，被譽為「值得一看的節目」，也接連約到許多話題度高的來賓。其中尤其讓我印象深刻的是，我們搶在所有電視節目和YouTube頻道之前，採訪到當時因韓劇《我的出走日記》和電影《犯罪都市2》而獲得超高人氣的演員孫錫久。他上的那集節目觀看數爆漲，衝上YouTube發燒影片第一名。在數不清的留言中看到「孫錫久一定要把這集節目放入個人簡介」這樣的誇讚時，真不知有多欣慰！

　　如果我和同事們因跌倒而受挫，一直沒再重新站起來，絕對無法做到這樣的事。當時我們竭盡全力製作的談話性節目被收掉，其實沒有人批評我們，或建議我們再嘗試什麼，但我們知道，如果就此打住，以後一步也無法前進，所以

我們撐掉身上的灰塵,自己站起來,做了沒有任何人吩咐的事。在沒有一毛錢的情況下,我們離開了熟悉的電視節目,挑戰製作能適應陌生 YouTube 環境的內容,而這樣的決定,讓我和同事因而變得更堅強,也更柔軟。

即使再次摔倒,我也不會耽溺於恐懼中,因為要摔倒才能重新站起來,也是因為只有拍拍身子再站起來,才能變得更堅強。

將 33 年工作造成的烏龜頸伸直

**pull-up
拉高**

芭蕾的基本姿勢,將全身往上提,也就是挺起腰桿,將脖子伸直、拉長、肩胛骨收攏、肩膀下沉、胸部展開,肋骨往核心收聚,讓小腹變小,並在雙腿併攏的狀態下將臀部和大腿的肌肉往上提。

在芭蕾中，沒有一個動作是容易的，光看pull-up（拉高）就是如此，若想做得標準，就會流很多汗，平時隨意站著，和為了跳芭蕾舞而站得筆直，簡直是天壤之別。在正式開始學芭蕾之前，首先要重新學習如何正確站立，但對像我這樣的初學者來說，連這個動作都是一個很難跨過的坎。

　　尤其，我剛開始完全無法理解，人體真的能在挺直胸膛的同時讓肋骨收聚嗎？肩胛骨收攏、肩膀下沉、胸部展開還能勉強做到，但這樣肋骨肯定也會打開，到底要怎麼收聚？我在吸飽氣的狀態下，憋氣嘗試了一次，但無法一直憋著不呼吸。

　　我非常鬱悶，便找了許多YouTube影片，根據說明，如果要讓肋骨收聚，只要腹部用力並抬高就行了；但是問題在於，在這種狀態下只要吐氣，腹部就會下垂，肋骨也會重新打開，所以為了避免胸部擴張太多，只能小口呼吸讓肋骨

些微擴張。當然，實際執行時又會發現，這根本不像影片說得那麼容易。

　　令人無奈的是，從學芭蕾的角度來看，pull-up 可說是所有動作的基礎，也就是說，你不能選擇要做或不做，而是從頭到尾都要維持；假如做不到，就別幻想能像舞臺上的芭蕾女伶那樣展現優雅美麗的動作，因此所有跳芭蕾舞的人都要訓練自己隨時都能立刻做到 pull-up。不過，容我再說一次，這個動作比想像中還要難，對我這種頭部前傾的人更是如此。

　　其實在跳芭蕾之前，我甚至沒有意識到自己有烏龜頸，是在某次正式上課之前，我只是做了預備姿勢，就被老師罵個不停：「不對，不對，你的脖子不要向前伸，要向後推，下巴也要收進去。」雖然我覺得自己確實做了 pull-up，卻因為不知道問題出在哪裡而慌張不已，於是老師乾脆拍下照片給我看，沒想到，照片赤裸裸地呈現出我脖子向前傾的姿態。「原來我的身體一直是這種難看的狀態……」察覺了過去毫不自知的問題，我感到一陣憂鬱。

　　值得感謝的是，老師看到垂頭喪氣的我，便告訴我改善方法──貼牆站。她說，身體貼牆站立時，要讓耳朵、肩膀、脊椎、骨盆都在一條線上，並記住那個感覺。通常在貼牆時，腰和牆壁之間會有空隙、無法貼齊，這個時候要讓尾椎往下，好讓身體完全貼緊牆面，這就是芭蕾的 pull-up。

不過，即使知道問題出在哪裡、也知道該如何解決，但幾個月過去後，姿勢仍很難改過來，這實在讓我鬱悶到不行。剛開始上課時會繃緊神經、挺直脖子，但只要開始學一些困難動作，烏龜頸總是會慢慢出現；這是因為我急著模仿老師的動作，常常忘記保持 pull-up 的姿勢。

我不禁鬱悶地大嘆一口氣，但仔細想想，其實我的烏龜頸很難矯正也是理所當然，畢竟在過去 33 年，我大部分時間都是以快被吸進筆電螢幕中的姿勢工作，再加上智慧型手機出現後，我忙著確認時時刻刻響起通知的聊天室，根本沒空伸直脖子。

* * *

有個英文片語能夠貼切地描述這種情況：Old habits die hard，意思是「積習難改」。習慣真的很可怕，長時間刻印在身上的習慣更是不會輕易消失。事實上，不僅烏龜頸，在主持節目時，我也時常因長期養成的習慣而吃盡苦頭。

我的經歷比較特別，在《中央日報》跑新聞跑了 20 年，之後才在 JTBC 電視臺開播時轉為節目記者（按：《中央日報》由三星集團創辦人李秉喆創立，2011 年，《中央日報》正式成立 JTBC 電視臺），從寫文章的報社記者搖身一變，成了在鏡頭前講話的電視記者，但這個過程並不容易。

開播的前一年，電視臺聘請外面的主播為我們進行基礎發音訓練，我也和同事們練習對談。還好我是首爾人，和其他需要改正鄉音的同事相比，我要改的地方不算太多，但對我來說，放慢語速反而比正確發音更難。如果我像平常說話那樣報新聞，會因為語速太快而喘不過氣，但刻意放慢又會引來睡意，很難找到適當的節奏。而且，可能是因為我個性急躁，就算剛開始語速適當，時間久了還是會快到無法控制，我在當上主播後，也因這件事苦惱了很長一段時間。

　　雖然我的實力尚嫌不足，但幸虧新興電視臺樂於接受挑戰，讓我從開播初期就能主持各種時事節目。在與男記者晚輩共同主持談話性節目初試啼聲後，便開始每週邀請一位政治界、文化界等領域的巨頭，進行約一小時的深度訪談。

　　那時我曾提問，為什麼要讓幾乎沒有做節目經驗的我，主持如此高難度的節目，而負責新聞的L前輩回答：「這個節目最大的亮點在於，主持人要毫無顧忌地拋出直接的問題，讓知名人物分享平常不會談論的有趣話題。跟我相處時，你也是個直話直說的人，你只要在節目上以平常的方式說話就可以了。」

　　前輩那句「以平常的方式說話就可以了」，真不知是褒是貶，但無論如何，難度仍不容小覷。按指示拋出直接的問題，這件事本身不難，可是問題在於，錄節目時不僅內容重要，同時要考量到畫面的呈現和結構。

以報社記者的身分採訪時，只要努力讓對方感到舒服、能吐露內心話就好，提問時不必細究文法，也不需要思考完美的句子，只要能表達意思就行了。然而，在鏡頭前進行訪談時還要考慮到觀眾，問題必須清晰易懂；聽來賓講話時要擺出好看的表情；還要花心思注意時間，在適當的頓點做結尾，以免對方講太長。看我初期的節目會明顯感受到，我只顧著提出該問的問題，各方面都不夠成熟，偶爾在網路上看到當時的影片，我都會羞愧得無地自容。

　　除了語速太快的缺點之外，在這個時期，我還有一個在畫面中一覽無遺的壞習慣，就是頭總是右傾。當我專心聽對方說話時，我的頭會不知不覺向旁邊傾斜，我在看節目重播時才發現這件事。平常沒有人會點出這個問題，所以我毫無自覺，一直到看到自己出現在畫面上，我覺得這樣實在太難看了。從那之後，每次錄影時，如果覺得頭快要傾斜了，我就會把頭擺正，如果又快要傾斜，就再次擺正。

　　不僅是在節目上，我在生活中也會有歪頭的習慣，俗話說「牛牽到北京還是牛」，平常的習慣在節目上一覽無遺。要是我沒有在第一檔節目就及早發現、改正，之後可能就沒那麼幸運，可以繼續擔任其他節目的主持人。

　　在電視圈，我們會用一個詞──「調」（조），源自表示語氣和態度的「語調」（조），意思是每個人特有的習慣。事實上，很少人完全沒有「調」，而且也不是所有的

「調」都不好，因為這往往能表現出那個人的個性或魅力。舉例來說，有些實力派演員的特定語調和表情已經成了個人標誌，這件事毀譽參半，因為有些觀眾看到會出戲。比方說，原本覺得某位演員音調偏高的鼻音很好聽，但要是這腔調出現在連續殺人魔身上，就會因為感到很違和而轉臺。

做節目的情況也很類似。每個人的「調」各有不同，可能是口頭禪、感嘆詞、手勢等，要是妨礙觀眾理解內容，就會令人困擾，如果經常聽到觀眾批評某位記者的語氣很刺耳、讓人難以觀看新聞，我就會建議對方改掉。我自己在重看晚輩的節目時，也經常點出這些會造成問題的「調」，但大部分的人都很難改掉，某方面來說這也是理所當然的，因為正如前面所說的——積習難改。

不過，我認為只是難改而已，絕對沒有改不掉的習慣。正是因為覺得放著不管也不會怎樣，所以才不會努力去改。我也是這樣，就算母親嘮叨了一輩子，我還是沒能改掉走路外八的習慣，最近我還開玩笑地說：「我早就知道我50歲後會跳芭蕾，所以才外八走路的，一切都在我的計畫中。」

然而，烏龜頸不同。不僅不利於健康，也會妨礙跳芭蕾，所以絕對要改掉。我已經改正了語速過快和歪頭的毛病，只要持續努力，前傾的脖子應該也能挺直吧？我堅信這一點，直至今天，一有空就貼牆進行 pull-up 訓練。

學新事物，
要有被指責的勇氣

entrechat quatre
四次交織

跳起後，雙腿在空中迅速前後交叉再回到原地的跳躍動作。quatre 在法文的意思是「四」，但在做 entrechat quatre 時，實際上雙腿交叉的次數只有兩次。

想要學芭蕾的人，必須具備的一項品德是：被指責的勇氣。沒有一堂課不會被罵，還可能連續好幾個月都被罵同一件事，因此，如果你是一被指責就容易玻璃心的人，或是容易把善意批評視為攻擊、愛生氣的類型，報名前務必三思。

　　不久前，我很努力向一位好友宣傳芭蕾的優點，鼓勵她也開始學，但她正是基於上述原因打退堂鼓，說道：「在公司被指責就已經很有壓力了，我不希望連從事休閒活動時也要經歷同樣的事情。」她的心情我很能理解，所以也不再慫恿她。

　　然而，芭蕾的優點太多了，要是因為害怕指責就提前放棄，那實在太過可惜。再加上，指責的另一面是「被稱讚的喜悅」，也就是說，在被指責100次後得到1次稱讚時，會感受到一股難以言喻的喜悅。事實上，在剛開始上課的頭三、四個月，我根本無法體會這種喜悅，畢竟，光是要跟上

這輩子第一次學到的動作就已經手忙腳亂了，站在老師的立場，大概覺得即使擦亮眼睛也找不到值得稱讚的地方。

對我來說，第一次讚美以意想不到的方式降臨。有一天，J老師在我做tendu時摸了摸我的腳，然後說：「哇，你的腳形改善很多了耶！累積一段時間的努力後，確實不一樣了！」因此我非常開心。或許在別人看來，這種稱讚算不上什麼，但對我來說，這是我第一次得到認可，證明這段時間的努力沒有白費，我的開心無法言喻，努力平復激動的心情後，將這一切歸功給老師：「當然應該改善啊！畢竟，我是跟誰學的芭蕾呢？」

在基礎班穩定練習核心動作約5個月後，終於開始偶爾像久旱逢甘霖般獲得稱讚，最近甚至出現了以前絕對不會發生的情況。這件事與entrechat quatre（四次交織）這一跳躍動作有關，這個動作難度很高，其他芭蕾教室不太會在基礎班教，但老師卻在第一個月就叫我們嘗試。一開始看老師示範時，我根本無法理解自己看到了什麼，光是跳到空中就夠累了，竟然還要在這種狀態下，雙腿先前後交叉再落地？

雖然現在慢慢學會方法了，但是頭腦知道和身體做到完全是兩碼子事。儘管如此，在無數次地反覆練習後，雙腿勉強能模仿出動作，只不過每次跳起來時，應該保持漂亮的「en bas」（低位，雙臂和手朝下圍出圓形）姿勢的雙手，卻滑稽地蜷縮起來。可能是因為頭腦想著要進行艱難的跳

躍，所以在跳起之前全身都在用力；身體必須放鬆才能輕盈地跳躍，手臂也不會下垂，我卻做不到這一點，所以動作看起來很不協調。

我沒辦法放棄，我不想一直聽到同樣的指責、在羞愧中結束課程。老師說：「你絕對贏不過努力練習的人。」我十分篤信這句話，無論有沒有成功，每天都嘗試 entrechat quatre。我還在跳躍之前進行了意象訓練，試著在腦海中想像身體輕鬆跳躍的畫面。不知過了多久，原本不聽話的手臂，開始在跳躍時安分地守在自己的位置上，雖然還不到完美，但至少改正了原有的毛病。

有一天，老師突然要我在新同學面前示範 entrechat quatre。雖然我緊張得心臟都快跳出來，但還是努力深呼吸，盡量放鬆後跳躍，讓雙腿交叉兩次再落地。所幸，這次也和練習時一樣，手臂沒有蜷縮。那一刻，我耳邊傳來的是老師看似不經意的稱讚：「做得好！」

之前每次做這個跳躍動作時，我聽到的都是「你的手又怎麼了」這樣的批評，因此，這句讚美讓我幾乎分不清是夢還是現實，感動得難以言喻。

＊＊＊

雖然提到了「被指責的勇氣」，但其實我本來幾乎是對

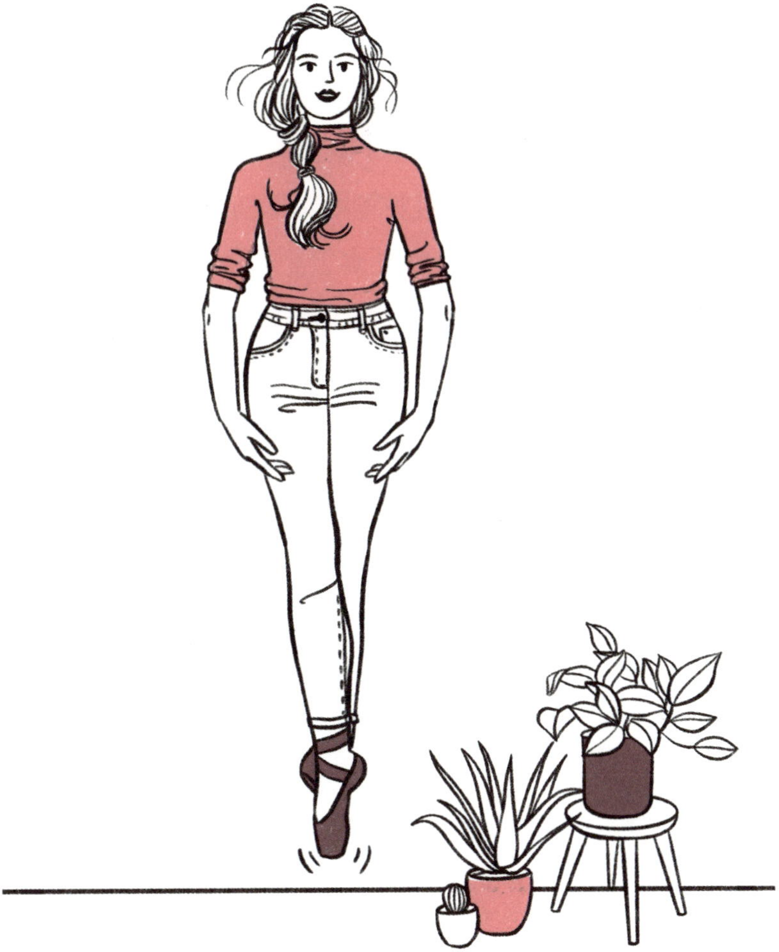

指責毫無招架之力的人。我在風氣較自由的家庭中長大，幾乎沒有被父母訓斥或嘮叨過，學生時期也不曾脫離模範生的框架，幾乎沒有被老師罵的記憶。因此，超過20年都從未接受過批評的我，一進入報社就遇到巨大的障礙——長官鋪天蓋地的責問。

用比喻來形容的話，我在實習期間受到的訓誡，比起有時間間隔的單發手槍，更像是不斷掃射的機關槍。我每天凌晨3點出門，去警察局和醫院等地點採訪後，6點左右打電話回報情況，這就是當時報社實習記者的平凡日常。不過往往在我開口之前，就會受到電話另一頭可怕的批評砲彈洗禮，導致我一大早就徹底失了魂。

我並非不理解前輩們想多多教導、讓我盡快成為稱職記者的心情，但是日復一日的責罵讓我的自信心降到谷底，甚至覺得自己沒有天分當記者，入職沒多久就開始認真考慮辭職。然而，一位年紀大我許多的N前輩給的稱讚，讓我打消了這個念頭。

我接受實習記者訓練的時候，正是韓國社會各界紛紛發起民主化抗爭的1991年春天。某天，就在我準備前往抗議現場時，路上偶然捕捉到稱為「領帶部隊」的上班族（按：三十到四十多歲的白領上班族）、家庭主婦、教師等各階層民眾討論時事的畫面。而在數百公尺外，在鐘路三街團成社前的十字路口，防暴警察正和抗議隊伍對峙，現場瀰漫著催

淚瓦斯。

在這種危急狀況一觸即發的現場，民眾並非激動地高喊口號，而是井然有序地輪流發言，控訴政府罪狀並表達省思，這一幕帶給我的感動簡直無法用言語表達。那時，現場只有我一名記者，我覺得這樣的畫面絕不能被埋沒，便一口氣寫下人生中第一篇記者專欄，第二天就登上了報紙。

沒想到N前輩看到專欄後，特意打電話來：「讀者們看到這個專欄後，才知道原來上班族、家庭主婦和教師都參加了這場抗議，其他報紙對這種內容一概不提，你真的做得很棒。」正如前輩所說，那時期的執政勢力刻意帶風向，讓大眾以為「只有部分激進學生在鬧事」；而我作為一名初出茅廬的實習記者，能毫不畏懼地寫出所見所聞，披露與政府宣傳完全相反的內容，前輩大力稱讚了這一點。這句真誠的讚美讓氣餒不已的我重新站了起來。此後，當我在對記者生涯感到動搖時，這份讚美則成了我能依靠的堅強支柱。

就像我在33年前開始學習做記者時一樣，每次進入新的領域，任何人都不得不忍受一番指責的洗禮。無論是什麼事情，很少有人能一開始就上手，但是，當你懷著被指責的勇氣，努力撐過那段時光，總有一天會迎來被稱讚的喜悅。或許是因為很久以前擔任實習記者的經驗，才讓我能在不小的年紀，默默承受芭蕾老師們的指責，而且不管現場有多少學生，只要我跳錯，老師都會神通廣大地點出來，讓人不得

不心服口服。

雖然當下有點丟臉，但如果沒被指出錯誤，就無法領悟自己做錯了什麼，也就無法改正了。我一直很感謝指出我問題的老師，讓我沒有原地踏步，而是能持續進步。不過，要說有什麼願望的話，我希望在被指責十次後，能享受一次被稱讚的喜悅，因為稱讚不只能讓鯨魚跳起舞來，也讓我開心得想跳舞（按：源自well done〔做得好〕的諧音「whale done」，在韓文中表達「沒人討厭被稱讚，鯨魚也不例外」）！

由芭蕾語言開啟的新世界

devant
前面

芭蕾有很多與方向有關的用語，其中最基本的是devant（前面）、derrière（後面）以及à la seconde（旁邊）。

「芭蕾起源自哪個國家？」在第一堂芭蕾課時，老師說要告訴大家芭蕾的簡史。我滿懷信心地最先喊出：「法國！」老師卻說答錯了。那正確答案是什麼呢？芭蕾起源於義大利，在傳入法國後才正式發展起來，在文藝復興時期，出身於大力支持文化藝術的義大利麥地奇家族的凱薩琳・德・麥地奇（Catherine de Médicis），與法國國王亨利二世（Henry II）的聯姻，就是芭蕾發展的契機。

　　後來由熱愛且親自跳芭蕾的路易十四，成立了最早的芭蕾學院——皇家舞蹈學院，芭蕾的基本姿勢和法文術語正是在此時出現，而我之所以會認為法國是芭蕾的創始國，也是出於芭蕾的法文術語。

　　基礎班的學生中，有不少人在上芭蕾時，對於第一次聽到的法文術語感到相當困擾，其困難程度不亞於陌生的芭蕾動作。雖然老師們剛開始都會一一說明術語的發音和涵意，

但時間久了，他們就相信學生應該大致理解了，所以上課時就直接說：「來試試看tendu croisé devant。」這麼一來，10個初學者當中有8個手足無措，陷入一種「我是誰？我在哪裡？」的自我懷疑；不過，在這種時候我總是會心一笑，因為我曾在學生時期學過法文，所以比其他同學更能快速適應這些術語，在連動作都很難模仿的情況下，如果甚至聽不懂老師在講什麼，那該有多鬱悶！我感到相當慶幸。

我第一次接觸法文是在高中學第二外語的時候，當時被法文獨特的魅力吸引，上大學後也依序修了法文初級、中級、高級的通識課程，那時我的目標是要讀完我的人生書籍之一──《小王子》（Le Petit Prince）的原文書。後來總算是一邊查字典、一邊讀完，當時的成就感至今仍記憶猶新；遺憾的是，從那以後我就沒有多餘時間學法文，現在看到文法和詞彙都覺得相當陌生，不過幸虧年輕時學過，所以我能迅速記住課堂中出現的芭蕾術語。

比方說，芭蕾在描述「朝著身體方向」的術語中，有一個是en face，這裡的face跟英文裡代表臉的face是同樣的意思，也就是說，en face的意思是面對前方站立。

另外，腳落地的舞步是tombé，雖然這個動作做得還不熟練，但它的意思很容易就能理解。這是因為我想起了很久以前聽過的法國老歌〈落雪時分〉（Tombe la neige）。每到冬天，收音機裡常常播這首歌曲，把在雪天等待未歸戀人

的心情融入哀傷的旋律中:「落雪時分/你今晚大概不會來了吧?/落雪時分/我的心穿著黑色的衣裳⋯⋯」tombe 是落下的動詞,所以只要想成像下雪一樣讓腳輕輕落下,就絕對忘不了。

我在人生中也曾多次感受到「語言讓我與新世界連結」這件事,進入報社後自學日文時就是如此。當時我為了了解《日本經濟新聞》等日本媒體,而開始看書學習基礎文法和詞彙,後來偶爾也去日本出差或旅行,所以除了閱讀之外,我也想學日文口說。現在 YouTube 上有很多學外語的資源,但當時是 1990 年代初期,根本還沒有 YouTube,加上工作繁忙,很難抽空去上日文課;後來,我偶然在公司資料室發現日文會話教材的錄影帶(VHS),這為我打開了學日文的大門,我一有空就借一卷來看,學習並模仿日本人的發音和腔調。

之後,每次要去日本時,我都會練習說上午、下午、晚上的問候語,點餐或購物時也會結結巴巴地說出自學的日文。雖然現在還只是初級的程度,但這種不純熟的日文有時也能帶來很大的幫助。尤其當我和年邁的父母一起旅行時,能在餐廳為愛喝酒的爸爸喊一句「生ビール一つください」(請給我一杯生啤酒),就讓我覺得學日文很有意義。

話說回來,讓我獲得最多機會的還是英文。我從學生時期就最喜歡英文課,成績也很好,所以上大學時也選擇了英

文系。不過，在以前那個年代，英文系只會要你讀一大堆原文書，幾乎沒有口說和聽力的課程，4年內所學到的會話，只有一門3學分的課程，在課堂上也沒什麼機會能和外語教授用英文對談。因此，即使我閱讀速度很快，也很難流暢地說出一句英文。

然而，我的主管卻因為我是英文系畢業，所以每次要跟外國人見面時都把我叫過去，這種情況不只一、兩次，後來公司乾脆推派我為英文專員，讓我十分為難。

無可奈何之下，我開始在工作之餘學習英文聽力和口說，每天早上通勤時聽英文廣播節目，節目中要是出現我能使用的表達方式，我就會大聲複誦，在看英文電影或電視劇時，也努力不看字幕。

這也就代表，我是在畢業很久後，才透過自學來彌補大學沒有教的東西……要是我當初立刻坦承自己英文不好，是不是就能脫離此般困境？我想應該不會，前輩們大概還是會把我推出去，丟下一句：「無論如何，年輕人總比我們厲害吧！」不管怎麼樣，我都得硬著頭皮做下去。

所幸，過了很長一段時間後，陸續有幾位英文達到母語水準的晚輩加入，他們不是在國外留過學、就是畢業於雙語高中，讓我的負擔減輕了不少。但是，大家對於我「英文很好」的印象始終沒有消除，所以即使到了四、五十歲，還是經常負責用英文溝通。

跟美國新聞臺CNN合作的業務就是如此，在報社擔任評論員的時期，我得製作英文新聞影片、寄給CNN，讓他們在節目《世界觀點》（*WorldView*）中播出。

還記得，第一次被交代要做這件事時，我非常傻眼。每當有國際矚目的新聞事件發生時，全世界的人都在收看的那個頻道——由英語圈最頂尖的資深記者們活躍其中的CNN，居然要我來撰寫報導？從來沒有寫過英文報導、也沒有做過節目的我？我堅決地說，自己無論如何都做不到；但是負責人非常固執，他覺得反正公司本來就沒有人做過英文報導，所以乾脆讓做過多次英文訪問的我來執行，成果會比較好。

當時正值綜合編成頻道（按：韓國政府在2009年修法後，開放報紙等大型媒體經營有線電視頻道，並於2011年批准了4家新的綜合編成頻道，包括TV朝鮮、JTBC、Channel A和MBN）的遴選前夕，各家媒體正在激烈競爭，如果我們公司製作的新聞片能在CNN播出，似乎就能幫助公司在國際經驗這方面得到比競爭者更高的分數。在這重要的時刻，這件事對公司而言迫切需要，所以我也只能站出來，說我會試試看。

在那之前，我壓根兒沒學過怎麼寫講稿、配音、播報（在採訪現場於鏡頭前露臉報導），而且還要用英文而非韓文做這輩子從沒做過的事，還有什麼事比這更令人茫然嗎？

但是，既然我已經親口答應，無論如何都得做到。

　　首先，我思考了有哪些跟韓國有關的新聞主題，是外國觀眾會感興趣的，並用英文寫了幾個企劃案交給CNN。後來，「馬格利酒（按：韓國一種用大米發酵而製成的濁米酒）熱潮來襲」的新聞標題上，出現了「OK」字樣。呼！我鬆了一口氣，至少先安全地邁出了第一步。

　　現在只剩下寫講稿的工作了。我從「有益健康又好喝的馬格利酒，不僅在韓國，在海外市場也開始受到青睞」這一點出發，寫了一篇報導介紹馬格利酒的歷史和功效。當時是我第一次寫英文新聞稿，對於語感和語氣非常沒有自信，便拜託在英文報社工作的晚輩幫忙校對。

　　接下來，是我最擔心的環節，也就是尋找能幫忙拍攝、剪輯的人，原本還很擔心報社裡沒有這樣的人才，但多方打聽後，找到一位曾在網路新聞組工作過的晚輩，他表示能幫忙。就這樣，在眾人合力幫助下，我完成了人生中第一部英文新聞影片，並順利在CNN上播出。

＊＊＊

　　不知是莽撞還是勇敢，多虧當時自己願意走上這條從未走過的路，之後才能繼續挑戰更多有趣的事情；尤其是在電視臺即將開播之際，我前往位於美國亞特蘭大的CNN總部

接受了 3 週的進修，可說是終身難忘的記憶。CNN 邀請在世界各地建立夥伴關係的媒體人士，分享採訪和製作新聞的技巧，還提供了實習機會；我代表公司參加，而一起參與的包括來自瑞典、德國、澳洲、哥倫比亞、巴基斯坦、南非等地的資深電視記者、主持人和製作人，只有我是完全沒有做節目經驗的超級菜鳥。

進修第一天，參加者們聚在一起，展示並介紹自己主持或製作的節目影片。輪到我的時候，我瞬間對於必須在來自世界各地的媒體人面前，介紹差強人意的馬格利酒影片感到無比羞愧；剛剛還在欣賞高水準的內容，現在卻得用蹩腳的影片來介紹自己，讓我丟臉得想找個地洞鑽進去，那種感覺就像是我長久以來隱藏的弱點，被放在聚光燈下放大檢視一樣。影片播完後，我握著麥克風、漲紅了臉，感到無地自容，我這輩子從沒有這麼害怕出現在人群面前過。

但後來，發生了意料之外的事情。我說自己過去是一位報社記者，工作了 20 年才轉行當電視臺記者，並在經過一番波折後，這輩子頭一次製作的新聞影片竟有幸在 CNN 上播出；我一說完，現場響起了熱烈的掌聲，大家給予我真誠的鼓勵。雖然他們都是經驗豐富的佼佼者，但每個人都有過菜鳥時期，因此他們沒有輕視約 45 歲、年紀不小才站上新起點的我，一點也不吝於為我加油。

在那 3 週的行程中，他們給了我或大或小的建議，我們

也因此成了交情很好的朋友。雖然已經是十幾年前的事了，但現在我們仍會透過臉書了解彼此的近況。有趣的是，當時有幾個朋友稱讚道：「藝莉，你是當節目主持人的料。」

結果這句話真的應驗了，後來我在臉書上公布當上主播的消息時，下面爭先恐後地出現留言：「我早就說過會這樣！」（I told you so!）

最近也是，我想著或許在某個時刻會用到英文，所以一有空就不斷學習，每天聽英語廣播，也看YouTube上的口說影片練習。不僅英文，我也試著在去不同國家旅行之前，努力學習該國語言，哪怕只有一點也好，我想用當地語言表達「很高興見到你」、「謝謝你」、「很好吃」等，這麼一來，當地人不就會更對我敞開心扉、露出更燦爛的笑容嗎？

就像透過陌生語言認識新世界一樣，我也非常期待這次新學的芭蕾，會帶我看見什麼樣的世界，讓我悸動不已。在稍微會跳一點芭蕾之後，不僅改變了我欣賞芭蕾作品的眼光，對於音樂、美術等其他類型藝術的理解也變得比以前更深。我竟然能因為芭蕾而接觸到這麼有趣的世界，真是太開心了！看來，以後我只能更愛芭蕾了。

第 2 部

當你需要支撐自己的力量

放慢生活的步調、品味每一刻,
這比我想得還需要更多功力。
我想以毫不動搖的耐力、以只屬於我的「adagio」生活下去。

人生第二幕，
適應慢下來的節奏

adagio
慢板

搭配緩慢的音樂，優雅地做出緩慢抬腿等一系列動作。

每次聽到「今日事今日畢」這句老話，我就感到尷尬，因為我是那種連明天的事都會在今天提前做完的人——用一個名詞概括，就是個急性子。無論現在手邊在做什麼，頭腦都會朝著下一件事情疾駛而去。

在KakaoTalk裡，有一個只有我一人的聊天室，每天我都在這個聊天室內寫滿給自己的訊息，因為腦中會不斷冒出幾個小時後、隔天，甚至是跟下週或下個月要做的事有關的想法；因此，想到時就要立刻記在裡面。要是不立即記下來，我就會急著做完手頭的事來記下腦中浮現的點子。但如果先寫在個人聊天室裡，我就可以告訴自己：「以後再回頭找筆記就可以了，不用擔心會忘記，專心做現在手邊的事情吧！」這對我來說，就像是一種剎車。

回顧過往，我從很小就出現這種傾向。學校會在放長假之前出圖畫日記的作業，弟弟總是在開學前一天一口氣寫

完，而我則會提前寫完，還會考慮到有幾天可能沒什麼內容可寫，所以如果某天發生許多件事，我就會分成好幾天的日記來寫。

也許是因為這種急躁的性格，我一直以來都是緊張的速戰速決派，快速地完成求學、就業、結婚、生育等里程碑。我從小就比別人早讀一年，7歲上小學，應屆考上大學，然後在大四下學期即將畢業時立刻進入報社，實習一結束就剛好結婚，然後精準地在10個月後生下女兒。當時我年僅24歲，公司前輩們看我已經有小孩都嘖嘖稱奇，說：「小孩生了小孩！」

那時我一邊上班，還得一邊做家事，就算有三、四具身體也不夠用。當時在忙碌中養育的女兒，如今已是亭亭玉立的三十多歲上班族。說實在的，雖然馬不停蹄地生活很辛苦，但是看到朋友們最近都為了照顧子女而疲於奔命，就覺得或許我的急躁性格也並非糟糕透頂。假如我在孩子還沒上學時就被公司辭退，那會怎麼樣？想到這個可能性，更是深感慶幸。

不過，一輩子像短跑衝刺那樣生活著，後來玩樂和休息卻成了我的罩門。2006年夏天，就在我擔任評論記者的最後時期、快晉升為次長時，我決定前往美國大學進修一年。一般來說，記者去進修時會感受當地文化、和家人到各處旅行，悠閒地度過，因為這幾乎是一生中唯一能擺脫忙碌工

作、回顧自己的機會，但我連這僅此一次的進修期間，也以不亞於平時的速度奔馳著。

我每學期都上兩門需要閱讀大量英文資料的研究生課程，同時也跟韓國出版社遠端討論，撰寫子女教育書籍。不只如此，還要在各方面照料一起出國的國中女兒，剩下的時間則被瑜伽課、英文會話俱樂部、西班牙文課、料理講座等課程填滿。

當時，有些公司晚輩從事特派員工作，或因為進修而駐留在附近地區，我記得有次他們來我家玩時，看到我寫在日曆上的行程表，感到非常不可思議：「你都出國了還過得這麼忙！如果是這樣的話，乾脆回韓國吧！」

像個拚命三郎的我，卻突然離開了公司。在那之前，公司給10年、20年、30年員工的休假，我連一天都沒請過，即使是在漫長的新冠肺炎期間，我也從未在家工作過；然而，就在入職後的33年，首次迎來了非常長期的休假。

「這段時間你真的辛苦了，暫時什麼都不要想，去做些像旅遊之類的事，好好休息吧！」遇到我的人異口同聲地這樣說，其實我心裡也是這樣想的。

一開始確實不錯。我的第一站選擇了以前做夢都不敢想的10天9夜西班牙與葡萄牙之旅，雖然以前也去過許多歐洲國家，但由於都是在忙碌地奔波，所以連相當嚮往的美術館和博物館也只能過其門而不入，而這次旅行純粹為了遊

玩，可以盡情欣賞自然景觀和藝術作品。結束了難得的長途旅行後，有段時間除了上芭蕾課、和親近的朋友吃飯聊天之外，沒有安排其他行程，過得相當悠閒。當時見到我的人都說：「我以為你根本不知道該怎麼享受，但看來你比我們想得更懂得放鬆。」這時，我就隨口回一句：「以後我也要多多玩樂。」

但是，人好像不會輕易改變，不到一個月，我又回到「快速運轉」的模式。光是上芭蕾課還不夠，我決定要寫書，便迅速與出版社簽約。明明沒有人逼我，我卻連截稿日期都訂得很緊湊，每天晚上都寫稿寫到很晚，連週末都不例外；再加上，之前我承諾過，有空就要去大學授課，所以也花了很多精力製作上課資料、指導學生。

身邊的人看到這樣的我，都無奈地說：「你這樣不就比在公司上班還忙嗎？」他們實在無法理解我，如果已經拚命工作 30 多年，至少會過上一年的「荷包蛋」生活：像 AKMU（按：韓國兄妹雙人音樂團體）的歌曲〈荷包蛋的夢〉所唱的：「不管誰催促我／我都會像毫無煩惱、四散的／荷包蛋那樣懶洋洋地生活……」能像這樣子生活對眾人而言肯定是夢寐以求，但對我來說，卻是非常難的事情。

神奇的是，跳芭蕾時我也不自覺地展現出我的急性子。每當我在課堂中跳 adagio 時，老師就會大發雷霆：「太快了！要慢慢地、緩緩地配合音樂跳舞！」adagio 原本是音樂

術語，指非常緩慢的速度，或是以這種速度演奏的曲子；芭蕾中的adagio則是指隨著緩慢音樂慢慢跳出抬腿等多個舞蹈動作。但是，我動不動就會忽略音樂的速度、按照自己心情搶拍，提前完成下一個動作。每次聽到老師說：「拜託你聽一下音樂，真看不出來原來你會這樣忽略節奏！」我都很想找個洞躲起來，早知道平時就不要到處嚷嚷自己對音樂的熱愛了。

我尷尬地為自己喊冤：「我不是忽略音樂，是因為個性比較急，沒辦法嘛……。」老師卻說，光看一個人跳芭蕾的動作，就能知道他性格是外向或內向、急躁或從容，全部一覽無遺；也就是說，我還不用坦白，光是我在adagio上的表現，就把我和「從容」兩字劃清界線了。

對於難以「慢活」的我來說，用緩慢的速度跳舞也非常困難。不過，令人欣慰的是，不是只有我一個人覺得adagio很困難，聽說連多數職業舞者也對此感到吃力，因為隨著緩慢的音樂慢慢抬腿、撐住一段時間，需要非常強大的耐力和平衡感。

對於身體沒有受過充分鍛鍊的我來說，抬起腿的那幾秒鐘，就像幾個小時一樣漫長，即使靠蠻力硬撐也撐不了太久。adagio真正的魅力在於，如行雲流水般溫柔優雅地完成一連串艱難動作，而且完全不露出一絲難色，表現出超脫現實的美。

最能展現adagio精髓的，是芭蕾舞劇《睡美人》（*The Sleeping Beauty*）中的舞段〈玫瑰慢板〉（rose adagio）。在這一幕，奧羅拉（Aurora）公主首次出現在人們面前，並被4名求婚者求婚，公主會依序接過4位男性遞來的玫瑰花，然後配合緩慢的音樂，不中斷地連續完成高抬腿的超難動作，還得表現出優雅又可愛的模樣。因此，只要是芭蕾女伶，所有人都夢想能跳好這一幕；然而，只有技術頂尖的最佳舞者才能完美詮釋。

　　剛開始學芭蕾時，我覺得與adagio完全相反、搭配快節奏音樂的allégro（快板）更難。當然，現在只要音樂節奏加快，身體還是會不聽使喚、滑稽地扭曲，不過經過多次練習，我在某種程度上已經熟悉了allégro的動作。不過，配合緩慢音樂舞動的adagio，至今仍很難看到進步的跡象。

　　雖然現在比新手時期──從頭到尾都無法保持平衡、身體搖搖晃晃的──還要好，但在做抬起一條腿的同時低下身的penché（傾斜），或用腳後跟旋轉的promenade（漫步）時，就很難配合緩慢的音樂撐著，所以我常常都是憑感覺草草做完。每次跳adagio時，我都會切身感受到，**為了跳得緩慢，需要強大的功力和訓練。**

　　adagio是義大利語，由字首「ad」和名詞「àgio」組成的詞，跟英文中的at ease，即「舒適、從容、放鬆」是同樣的意思；也就是說，不僅速度要慢，還要舒適、從容、放

鬆，跳 adagio 時要完美呈現這種感覺。為了做到這點，無論身體以哪種方式移動，都需要極大的功力，讓自己不會隨意晃動，但由於我的耐力和平衡感都不足，所以每次都會感到焦躁與不自在。

　　我推測或許這也是為什麼我很難以緩慢的步調生活，如果要放慢生活的步調、慢慢品味每個瞬間，需要比現在更多功力，好比為了擺脫「以急促呼吸、快步走路的方式來逼迫自己」的習慣，就需要找回屬於自己的悠閒節奏；如果想在人生第二幕維持悠閒但不怠惰、舒適卻不乏力的節奏，就不得不從現在起開始鍛鍊自己。不僅在跳芭蕾時需要耐力和平衡感，為了讓自己不會在快速前進時，因緊急剎車而摔倒，必須擁有毫不動搖的耐力，讓自己能搭配緩慢的速度繼續生活。

　　這不是一朝一夕就能養成的，所以我絕對不會著急。儘管不容易，但我還是想從「讓自己停下來」開始練習，每當我習慣性地開始急躁奔跑時，就會試著稍微調整呼吸、休息一下再繼續，然後不斷安慰不安的自己：「這樣也沒關係，不，這樣反而更好。」這麼一來，總有一天，我或許能真正地以 adagio 方式生活吧？也許到了那個時候，我在芭蕾中跳的 adagio 也會變得更加優美。

一步一步，堅持下去的力量

développé
慢版連續動作

一條腿為軸心，另一條腿逐漸向前方、側邊、後方延伸的動作。重點在於，活動腳的腳尖從軸心腳的腳踝開始逐漸抬高，直到膝蓋位置，然後再向各個方向筆直伸展。

我一有空就在家裡扶著餐桌的一角，將一條腿往旁邊抬起，這是在練習 développé 這個動作。雖然老師都說，至少要抬到 90 度並維持住，但很尷尬的是，我頂多只能抬到 60 度左右，而且那條腿重得像塊石頭，往往撐不到幾秒就又「啪」地回到地上。

　　不只我，教室大部分新學員都覺得 développé 是最難的動作。這個動作要求舞者配合緩慢的音樂，逐漸把腳抬起，還要往前方、側邊、後方伸展並撐住；這種撐住的瞬間被稱為「hold」，撐住時真的非常費力，全身都抖個不停。你可以暫時放下這本書，站起來試著將一條腿盡可能抬高、維持看看，應該沒過多久就會無法克服重力，大腿就像掛著一個沉甸甸的沙袋，接著腳就無力地回到地上。聽說，連本科生也說這動作很難、最討厭做 développé，所以，像我們這種把芭蕾當成興趣的人就更不用說了。

為什麼每次上課時,非得拚命做出這些困難的動作呢?正是為了培養肌肉的耐力。當我跟別人提到我在跳芭蕾時,大部分人會說「你的柔軟度應該很好」。

　　柔軟度確實重要,因為一提到芭蕾女伶,都會聯想到腳能夠碰到頭的抬腿動作、能毫無阻礙地後仰的腰部,還有兩腿呈一直線的跳躍動作。

　　développé 也是這樣,想把將腿抬高超過 90 度,你的肌肉絕對不能鬆弛。不過,在做這個動作時,肌耐力的重要程度不亞於柔軟度,因為抬腿後並非馬上放下來,關鍵在於撐得夠久,再優雅輕快地放回地上。

　　芭蕾的優雅不僅來自輕盈的柔軟度,還有能長時間支撐的力量,也就是堅韌的肌耐力。

　　我無法優雅地做到這個動作,正是因為缺乏肌耐力,要不然我的柔軟度其實還不錯,如果有人能在旁邊幫我把腳抬高,最多可以達到 5 點 50 分的高度(試著把站立腳看作時鐘上的時針、抬起來的腳看作分針);問題是,旁邊的人一旦鬆手,我連一秒鐘都堅持不了,腳會直接掉下來,唯一能改善的方法還是透過練習來增強肌力。

　　老師說:「在芭蕾中,沙拉米戰術(salami tactics,按:漸進戰術,像沙拉米一樣一片一片切,直到人們意識到有危機時已經為時已晚)非常重要。」也就是說,不該一下子就貪圖達成大目標,只要在制定小目標後逐步達成就行

了,我相信只要從5點40分開始,逐步提高1分鐘,今年內就可以像我的芭蕾夥伴K一樣——在90度,也就是將腳抬高到5點45分的位置時也能穩穩撐著。

每次跳développé時,我都會重新思考「耐力」在整體生活中的重要性。具有卓越的爆發力和柔軟度的人,比較擅長面對新的挑戰及適應陌生環境,在任何情況中都能快速應對,輕易找到自己的路。

不過,如果要在立足之地生存到最後並獲得成功,就一定要發揮耐力、撐下去,因為我們身處的世界無法單憑隨機應變堅持下去,每個人都會面臨必須堅持、忍耐才能克服的困難;另外,無論是什麼事,如果沒有長時間持續投入,就無法累積實力,每個人都想成為某個領域的專家,但這也必須經過累積的過程才能獲得。當然,過程不會像文字上看起來那麼容易,更多的時候是,就算下了很大的決心,實際也很難撐過3天。

在各行各業闖出一片天的人都有一個共同點——他們都親身領悟並實踐了這個道理。韓國傳奇芭蕾女伶之一的環球芭蕾舞劇團團長文薰淑就是如此,她憑藉出眾的表現力和技巧,受邀到俄羅斯馬林斯基歌劇院芭蕾舞團,成為首位扮演吉賽兒(Giselle)一角的東方人。她平常除了上廁所的時間之外,整天都關在練習室裡進行嚴苛的訓練,這樣的她,在39歲那年因受傷而不再跳芭蕾;她從7歲開始跳芭蕾後,已

經足足跳了 32 年。原本她以為突然退休會很辛苦，但沒想到，退休後她的腦海中卻浮現了這樣的想法：「原來人不用跳芭蕾，是這麼舒服啊！」

芭蕾舞者之間流傳著一個說法：「一天不練習，自己會知道；兩天不練習，老師會知道；三天不練習，大家都知道。」正因如此，不論是哪位舞者，都是一天不漏地努力練習，如果今天覺得辛苦就懶得練習，明天會更辛苦，到了後天則會辛苦上兩倍、三倍。直到從芭蕾女伶的位置上退下來後，文團長才擺脫了不斷練習的枷鎖，深刻感受到自己以前是度過了多麼艱難的時光，不過她能有今天的模樣，也是多年來嚴酷鍛鍊自己的成果。

雖然絕對比不上文團長，但我也算是做什麼事都會持之以恆的類型。也許我的爆發力不如年輕人，可是我對於努力不懈地做一件事是蠻有自信的。我有多堅持呢？國二體育老師叫我們每天做的體操，我持續做到了現在，如今已經是第 40 個年頭。

那時老師教的體操名為數字體操，大致如下：①躺下時雙腿併攏，抬高到 90 度；②雙腿伸直後寫出「1」，盡可能放到最低；③再依序從 2 寫到 100，注意腿都不要碰到地面。老師第一次叫同學做這些動作時，我們一直哀哀叫，老師保證說：「如果從今天開始，你們每天睡前都做這個體操，身材就會變好看，以後一輩子都會感謝我！」

真不知我是多聽話的模範生，從那天起，我睡前一定會做這個體操，連一天都沒漏下。最近除了早上一睜眼會做的伸展運動，還加上了有助於我跳芭蕾的動作，雖然我的慣例改變了很多，但每天至少做 30 分鐘體操的習慣，40 年來都沒有變過，就算旅行或出差，我也不曾中斷，所以這個「申藝莉體操」在和我住同一間房的朋友和同事之間非常出名。

也許我能在 55 歲的年紀，毫不畏懼地開始跳芭蕾，正是因為我做體操做了超過 40 年。儘管我從未正式學過任何舞蹈，但身體似乎維持在還跟得上芭蕾課的狀態。

＊＊＊

毅力並不只是意志力的問題。我藉由數字體操很早就領悟到，任何事養成習慣後，即使不費太大的力氣，也能堅持不懈地做下去；而在習慣養成前，只要在一、兩個月內眼一閉、牙一咬撐過去就可以了。在職場上也是如此。我覺得自己是那種無法在短期內取得爆發性成果，但多年來能穩定地保持在平均以上、不會有太大起伏的類型。

雖然世人都只會對一夕致富給予高度評價，但正是時間的威力，才能創造出金錢難以衡量的意義與價值，不是嗎？因此，在多數節目壽命不到一年的電視圈裡，我對於自己製作的內容能夠長久持續下去、成為少數的長青節目，感到無

比自豪。我主持的《通宵討論》播出了足足有七年兩個月之久，JTBC的招牌教育節目《不一樣的教室》在其播出的六年三個月間，也收到大量觀眾的喜愛。

讓我能在工作崗位上長期奮力地堅持下去的，就是堅持與毅力。原本我在新聞部擔任負責國際新聞的國際部長，後來還兼任製作時事教育節目的製作部長。然而，我不僅負責部長的工作，還兼任談話性節目和各種特別節目的主持人，等於做著一種「雙重工作」。

光是做好一件事情就很難了，我的肩上卻扛著兩種職務，要投入的能量非同小可。每當我完成一項工作、覺得可以稍微休息時，就必須立刻投入下一件事情，還要保持同樣程度的專注力，這種生活簡直會把人榨乾，讓你一滴精力都不剩。若不是因為這份工作帶來的樂趣，我絕對做不來，肯定過沒多久就累倒。看來，是我身體的某個角落不斷製造出快樂荷爾蒙吧！

不過，這樣的我有一天突然放下了一切，用文薰淑團長的話修改一下就是：「原來人不用天天上班，是這麼舒服啊！」最近經常有這個念頭。我並不是感到沮喪和挫折，反倒是稱讚自己這段期間真的很努力生活，並以正面的態度接受目前所處的現實。在55歲進入芭蕾世界、重新成為新手這件事也一樣，我不希望只是憑著「相信自己能做到」的勇氣進入，而是想在這個領域發揮我的特長──毅力，並在我

能力所及的範圍內努力做得久、做得好。

很多人問，如果只是憑意志戰勝困難，會不會很難跨越年紀和身體的障礙？確實可能如此，但是與其花時間考慮那些，我還寧願多加練習，我就是這種人。在沒有上芭蕾課的日子，我也會為了改正課堂上老師點出的問題，獨自在客廳轉好幾圈並跳躍。

雖然身體仍不聽使喚、做不到的動作比做得到的更多，但可以肯定的是，就算只有一點點，我依然每天都在進步，這樣就夠了。我對於長期堅持很有信心，即使慢了一點，只要一步一步邁進就行了。走著走著，總有一天一定會到達某個地方。

左右工作和生活的決定性因素

attitude
姿態

用一條腿支撐身體,另一條腿在膝蓋彎曲的狀態下向前、向後或向側邊抬起。標準動作是彎曲 90 度,但有時會為了讓腿看起來修長而只彎曲 45 度左右。

提到芭蕾舞時，大家最先想到的一個代表性動作就是attitude。在YouTube上的影片中，很多人會推薦將這個當成拍攝「人生紀念照」時的姿勢。親自做看看就會發現，無論是用一條腿保持平衡站立後，抬起另一條腿，讓膝蓋向外轉、維持turnout的狀態，還是用腳尖撐住全身，這些動作沒有一個是容易的。

　　所有芭蕾動作都需要長時間的練習、鍛鍊，才能確實呈現出優雅的動作，attitude也不例外。我個人認為，attitude和cambré（拱形，上半身向前彎、向後彎或倒向側邊的動作）都是非常美麗的動作，所以我非常喜歡，無論再怎麼難，我也想要努力做得更好。

　　不久前，我在二手書店購買了一本名為《舞蹈藝術的理論和實行》（*Traité élémentaire théorique et pratique de l'art de la danse*）的舊書，其中提及跟這個動作有關的趣聞。這

本書由十九世紀義大利裔舞蹈家、當時最優秀的芭蕾教師卡洛·布拉西斯（Carlo Blasis）所寫，他就是第一個發明attitude的人。據說，布拉西斯的靈感來自是文藝復興時期知名雕刻家詹博洛尼亞（Giambologna）製作的銅像〈墨丘利〉（Mercurius，希臘神話中名為荷米斯的旅行者之神在羅馬被稱為墨丘利）。

　　我查了一下那尊銅像的照片，很神奇的是，那動作真的跟attitude的姿勢很像。布拉西斯從美麗雕刻品的姿勢中獲得啟發，想出了模仿該姿勢的芭蕾動作，這故事越想越讓人吃驚。布拉西斯寫道：「在舞蹈方面，attitude是最迷人、也最困難的動作，如果能完美詮釋此動作，將來會成為一名優秀的舞者。」從這句話可以看出，他對自己發明的動作感到無比自豪。

　　在了解到有趣的創作故事後，我對attitude的愛也更加深厚，只不過，我翻遍了整本書，仍無法理解布拉西斯為何要如此命名。在芭蕾動作中，很多動作的名稱含意和動作內容是一致的，但也有些動作和名字的連結讓人無法理解，attitude就是這樣；法文的attitude和英文一樣，都是指態度或姿態，而這究竟跟那優雅的芭蕾動作有什麼關係，我百思不得其解。

　　後來冒出了一個念頭，態度和姿態，可說是左右人生的核心品德，這會不會就是線索呢？雖然創始者沒有明確說

明，不能隨便斷言，但我根據自己的理解推測，或許這表示 attitude 在芭蕾中就是非常重要的動作。

＊＊＊

我很喜歡一句英文格言「Attitude is everything」，可以翻譯為「態度左右一切」，也就是說，人生可能會根據態度而完全不同，我不得不100％、不，1000％同意。

就我而言，我在評論一個人的時候，也總是最重視態度。即使別人問的是「那個人怎麼樣」，我的回答也會是「他的態度很好」或「他的態度不怎麼樣」。在職場上也一樣，有些人雖然能力或經驗不足，但只要積極進取，依然會備受矚目；相反地，無論是多有能力的人，如果對每件事都表現出不情願和消極的態度，我就會很排斥跟他共事。

之前一起工作的人之中，有很多態度值得稱許的同事，其中有位晚輩在我心中留下特別深刻的印象。在我製作《不一樣的教室》早期，第一代組長L就跟我一起構思企劃，多年來一直與我合作引領節目製作，是個很有能力的製作人、卓越的領導者，也是我崇拜的優秀人物，與他共事的每時每刻都很開心。

當我向L提出「韓國第一個雙向講座」的節目概念時，他聽完後眼睛一亮，喊道：「哇，應該會很有趣！」L總是

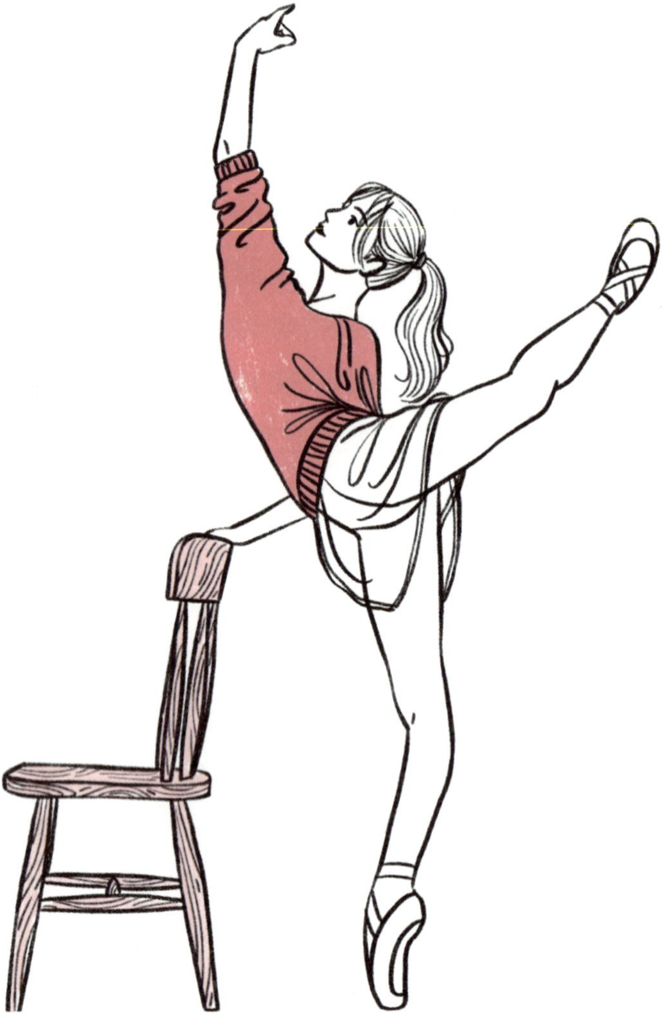

這樣支持我：「我們要不要做一次公開演講，作為假日特別節目？」、「這次不要在攝影棚，在戶外進行現場授課如何？」、「在聊到音樂的時候，可以請一個小型管弦樂團來現場演奏嗎？」無論我提出多麼難的要求，他從來不曾回覆「不行」、「太難」，第一反應永遠都是「應該會很有趣」。

　　他不是在一味討好身為主管的我，只是在面對新挑戰時，他總會毫不畏懼地帶著積極態度迎戰，即使是面對晚輩製作人、來賓、工作人員和其他部門時，他也不會失去他特有的、享受工作的愉悅態度，而且他憑著這種正能量，一一突破了過程中必然會出現的大大小小問題。《不一樣的教室》之所以能夠持續挑戰新的內容，躋身長青節目，實在是拜 L 那與眾不同的待人處事態度所賜。

　　我的個性很貪心，總是想一直找事情來做，如果沒有像 L 這樣的人堅定地在背後支持我，若沒有眾多製作團隊團結一心、體貼並鼓勵我，這個團隊大概無法取得這麼多成果。多年來能和態度這麼好的晚輩一起工作，實在是我的一大幸運，也是非常值得感謝的事。

＊＊＊

　　另一方面，最近還有一個人，因為對人、對工作都抱持著與眾不同的態度，令我深受啟發──演員孫錫久。我

因為工作關係見過他兩次，第一次是在我主持YouTube節目《通宵討論》，他作為來賓上節目時；那時他正因為韓劇《我的出走日記》和電影《犯罪都市2》紅透半邊天，所以就算他表現出某種程度的興奮或得意，大家也都可以理解。

不過，他絲毫沒有露出那種神情，連享受成功的時間都沒有，立刻投入多部作品中，每天都在拍攝。他說，他反而很感謝自己的生活這麼忙碌，讓他沒有時間沉浸在光環之中，只能專注演戲。就連在最當紅的時候，他依然沉穩地專注於本業，這樣的態度在我看來非常耀眼。雖然現在他已經是重量級演員，但他說，自己也曾有一段時期前途渺茫、工作少到整天只能盯著天花板。或許這樣的經歷，讓他變得對演戲更有野心，也更加真心對待演員這份職業。

第二次遇到孫錫久，是他邀請我參加他首次主持的活動，那時已經是時隔一年多再次見到，不變的是，他依舊不像明星，只散發著演員的氣質，那謙遜、毫不做作的待人態度還是跟之前一樣。不僅如此，透過這次機會，我發現他很照顧一起工作的同事，在思考作品的完成度時，那深思熟慮的態度甚至不輸導演。

當他被問到在電視劇《地下菁英》中，如何與飾演菲律賓警察的外國演員表現得那麼有默契、有火花時，他說出了一個鮮為人知的幕後故事。其實，原本當地警察馬克一角的戲份非常少，頂多只是負責開車接送由他飾演的韓國警察吳

承訓，臺詞也不多；但是，在仔細研究劇本後，他覺得韓國警察要在菲律賓進行正式調查，應該會遇到很多困難，如果想要刻畫出這點，就需要在初期設定馬克和吳承訓兩人針對調查起口角。他積極說服導演後，拍攝方向轉為盡可能呈現出兩位角色的衝突，而後兩人之間也建立了相當感人的兄弟情誼。

孫錫久平時最為人著稱的特質，就是他會像用鑿子挖掘那般努力研讀劇本，共事的演員和導演，甚至幫他取了「研究員」的綽號。看來，他對演技的真摯態度，讓他找到不只讓自己，更讓其他演員、甚至整部作品發光發熱的方法。明明是個可以僅靠臉吃飯的演員，竟然擁有這麼卓越的態度，以粉絲的角度來看，真的無法不崇拜他！

＊＊＊

態度，是左右工作和生活的決定性因素。更令人吃驚的是，態度是我們生活中為數不多、能由自己選擇和控制的因素。我們無法改變已經逝去的過去，也無法任意控制別人的心，但可以決定要對工作和生活抱持何種態度。

不過，並非此時此刻下定決心，就能立刻擁有有益人生的態度。想要變得積極進取，必須在負面消極的想法出現時用力甩開，專注在自己身上，同時還必須培養出在失敗與苦

難中，也能找出值得學習之處的能力；最後，是對小事抱持感恩的心。換句話說，良好的態度和高難度的芭蕾技術一樣，是必須不斷鍛鍊才能擁有的寶貴品德。

以後每次跳 attitude 時，我都會仔細檢視自己對待芭蕾的態度。正如創始者布拉西斯所說，為了正確做出這個最迷人、也最困難的動作，我能選擇的只有保持努力且不放棄的態度。

「憑我的力量，怎能改變身體先天的條件？」像這樣的負面念頭就先放下，並對自己說：「你做得到！」鼓勵自己繼續挑戰。你知道嗎？如果每天都這樣盡最大努力，保持最棒的 attitude，就能長久享受精彩、超出預期的芭蕾人生！

芭蕾，是用全身在說話

port de bras
手的運行

指芭蕾的手臂動作，就像腳有 5 種基本姿勢一樣，手臂也有 4 種基本動作。

從學芭蕾的第一天起，老師就出了一份每天都要做、令人壓力山大的作業，而且沒有結束的一天。「從今天起，請每天投資 1 分鐘的時間，對著鏡子練習 port de bras，有練的人和沒練的人，以後會有很明顯的差別！」

　　port de bras 是芭蕾的手臂動作，其陌生程度不亞於腳部動作，身體上很難適應，就算聽著說明依樣畫葫蘆，動作仍然僵硬又尷尬，一點也不自然。老師在第一堂課上說，想讓動作變自然，唯一的方法就是練習，而且一天都不能漏下。

　　從小到大，我都是個無論叫我做什麼、都會努力去做的好學生，所以從那天開始，只要在路上看到鏡子，我就會反射性地持續做這四個手臂動作。不過，就算我如此勤於練習，每次上課還是會被老師批評「不是那樣」、「做錯了」。我只好根據老師的評語重新練習，等到下次上課再被訓，訓完再繼續練。

在port de bras中,最基本的姿勢是en bas。en bas是在肩膀下沉的狀態下,手和雙臂朝下圍出圓形,這時手臂要稍微遠離身體,腋下的空間大約能放一個雞蛋,而且雙手要保持一點間隔,不能相連。接著,在這個狀態下,手臂直接抬高到胸線正下方,這就是en avant(往前);繼續抬高到額頭前面,就是en haut(上面);最後,à la seconde(在第二位置)是手臂向兩側延伸的姿勢,這時要特別注意,肩膀不能往後轉、手肘不可下垂。

這些大概就是濃縮過的核心,如果連該注意的細節都要講,就真的講不完了!因此,儘管只是做一個動作,也常常因為過於注意一個要點而忽略其他部分,結果整堂課都在被老師唸:

「做en avant時,手掌要朝天!」

「turnout時,手臂要朝向側邊。」

「en haut時,手掌不能露出來。」

「肩膀再往下一點。à la seconde時,脖子、肩膀、手肘、手腕、手指都要呈曲線,彷彿水滴能沿著曲線順暢地流下來。」

我被罵得最凶的姿勢是à la seconde,因為我的手肘會一直往下垂,就算努力抬高也只能維持一下子。每當我把注

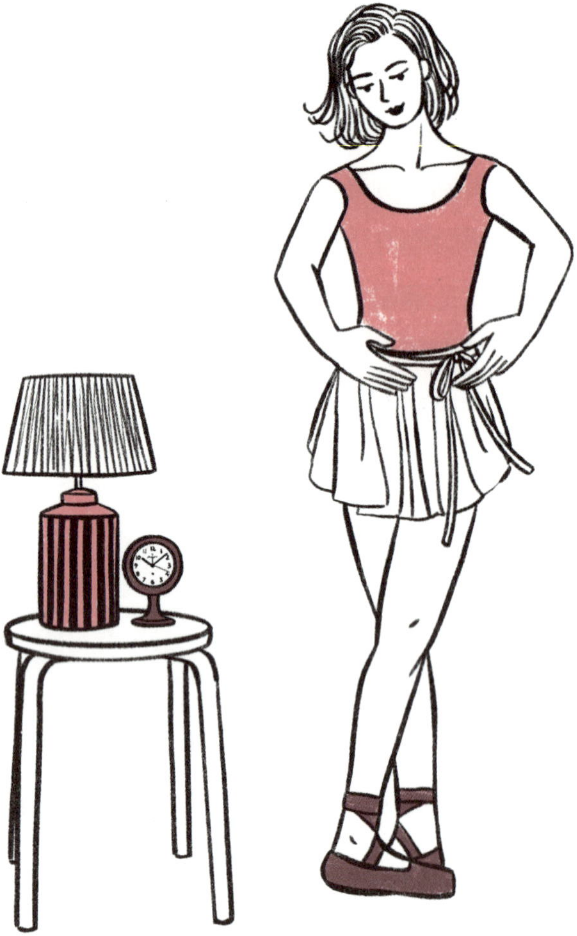

意力轉到複雜的腳部動作上，手肘很快又會垂下來。

不過，我堅信只要每天練習1分鐘，一定會有所改善。某天，我持續納悶自己的手臂為什麼總是垂下，這時突然靈光一閃，有了不同的領悟：我發現，雖然肩膀下沉時手肘會下垂，但如果是透過背部而非肩膀用力的話，就能維持穩定的手臂動作。

問題是，當時我已經將芭蕾所有動作中最基本的pull-up忘得一乾二淨。除了à la seconde，在做任何手臂動作時，基本前提都是pull-up（背部的肩胛骨收攏、肩膀下沉、胸部展開）。正確的port de bras也是從背部開始做起，不僅要用手臂，背部也要一起活動。回想起舞臺上芭蕾女伶背部鍛練過的肌肉，不禁感嘆「果然如此」。

手臂動作如果不夠熟練，無論腳再怎麼努力擺，也完全沒有跳芭蕾的架勢，因為在芭蕾中，下半身負責展現技巧，而包括手臂在內的上半身則負責呈現美感。手腳的動作搭配、視線處理和臉部表情等，一切都完美契合並融為一體時，才稱得上是舞蹈。實際上，在觀賞芭蕾表演時，最能吸引觀眾視線的，不也是舞者的臉部表情、脖子曲線及優雅的手臂動作嗎？這說明了上半身非常重要。

我切身感受到，除了技巧之外，情感的表達也無比重要；而我想要跳好port de bras的心也越來越強烈。說到底芭蕾是一門舞蹈，而舞蹈就是用身體完整呈現自己的感受，

尤其考量到我個子矮、手臂不長，得找出能讓我看起來最美、屬於我的 port de bras。

舉例來說，在做 en haut 時，如果我的手臂跟身體貼得太近，個子會看起來更矮，手臂也顯得更短，因此雙手的間距要更大，圍出巨大的圓。

就這樣努力了 6 個月左右，慢慢出現了努力的成果⋯⋯「哦，你的 port de bras 好很多耶。」「剛才的 à la seconde 近乎完美！」平時被 J 老師罵慣的魔王動作，這次竟然得到了稱讚；而某天就在我穿著大露背的連體衣（芭蕾練習服）時，老師比著大拇指說：「看得出來，你在做手臂動作時，確實用了上背部的肌肉。」已經失敗無數次的我，完全無法相信自己也會有這樣的一天。

我突然想起 J 老師曾說過的話：「對跳休閒芭蕾的人來說，無論再怎麼努力，芭蕾有些腿部動作還是做不來；不過，手臂動作只要自己願意努力練習，最終還是做得到。」沒錯，我雖然一直在練習跳躍和轉身，仍無法完善到令人滿意；相反地，port de bras 卻獲得了很好的評價，老師說：「看得出你很努力，動作改善了很多。」因此，我之後也致力於用手臂動作彌補腿部和腳的弱點。總之，不管是什麼事情，我覺得只要有一個自己擅長的部分，就能帶給我龐大的動力，讓我繼續磨練技巧。

在跳 port de bras 時，不僅手臂重要，手型也是核心，

手型怪異便無法呈現出美感。那麼，跳芭蕾時手該怎麼擺？最基本的就是不能用力，但也不能因為太放鬆而搖搖晃晃，老師們一致的說法是「適當地放鬆」；但是，沒有比適當這個詞彙更模糊、更難懂的了。如果勉強做出手型，就會太用力，很容易變得像機器人或樂高人偶的手一樣。無論是機器人還是樂高，它們怎能傳達出吉賽兒戀情遭背叛時的悲傷，或可愛的琪蒂（Kitri，按：芭蕾舞劇《唐吉訶德》〔*Don Quixote*〕中的女主角）因愛而感受到的欣喜若狂？言下之意，port de bras 的手型在傳達情感上非常重要。

手臂動作、手型、臉部表情和視線……芭蕾就是在用全身說話，這豈不是其魅力所在？我也想堅持不懈地磨練出美麗的線條，進而傳遞自己的情感和故事。我相信，總有一天我能如此表現出芭蕾真正的魅力，所以，今天我也看著鏡子，練習 1 分鐘。

別在臉上透露
腿正在做的事情

coordination
協調

能夠自然地同時活動身體各部位的能力。在跳芭蕾時，無論做什麼動作，手腳的動作都要有系統地、精準地配合。

第一次打開芭蕾教室的門，最先吸引我目光的，是或坐或躺、做出驚人伸展運動的學生們。她們把腿往兩側撐開，背向下壓，直到胸部貼地⋯⋯每個人在上課前都以奇妙的姿勢暖身。

　　神奇的是，雖然她們在做那麼高難度的動作，卻沒露出一絲難色，反而看起來很平靜，甚至還能悠閒地交談。有人發現我一動不動、呆看這陌生的景象，便露出微笑，充滿自信地邀請我：「快進來，你是第一次上課吧？」

　　幾個月後的今天，我也是一到教室就先伸展，在正式上課之前先讓身體提前準備好，上課時也會根據老師指導，做正式的伸展運動。聽到別人說我的身體比同齡人更柔軟，這讓我感到慶幸，不過這種高強度的伸展並非總是愉悅，如果要把每個動作做到位、毫不馬虎，勢必得承受不小的痛苦。

　　有時候老師會親自幫忙拉筋，抓住腳背讓我能伸得更

長、劈腿劈得更深,這種時候真的會不由自主地發出「啊」的叫聲。不過,如果想把腿抬得更高、腰彎得更深,就不得不透過伸展提升柔軟度,因此即使痛也只能咬緊牙關忍住。

在基礎班,偶爾會有學生說「拉筋真的太痛了」,要求老師跳過他們。這時,老師並不會刻意勉強,而是說:「大家都會痛,哪有人拉筋會舒服呢?只不過,有些人雖然痛苦卻笑著忍耐,有些人則因為無法忍受而放棄,但我們的身體很誠實,每天多彎1毫米,10天就能多1公分,100天就能有10公分的差距。」

有時老師還會嘆一口氣,補一句充滿人生歷練的嘮叨:「你覺得拉筋很累嗎?你活夠久就會知道,這種累根本沒什麼。」我對這句話產生強烈的共鳴,在心裡偷偷笑了起來。老師和我的年紀較相似,在一些事情上常和年輕學員持不同意見,所以,那種時候我總會默默在心裡大喊:「老師說得沒錯!」

芭蕾的拉筋當然辛苦,但活到現在,身心受的傷、那些多到數不清的痛苦,是伸展遠遠比不上的。正是因為知道這一點,所以即使覺得拉筋有點辛苦,我也沒有一句怨言,老師要我們胸部貼地時就努力彎腰、要我們劈腿時就努力撐開,只是到現在我還沒辦法像我進教室第一天遇到的那些前輩那樣露出自在的表情。

如果再過一段時間,我能比現在更多彎10公分,也許

就能達到即使辛苦也不會表現出來的境界吧？

芭蕾是一種不能展露疲態的藝術。當然，所有的舞蹈都一樣，舞者站在臺上的表情演技是吸引觀眾的重要因素，因此無論在做多困難的動作，臉上都不能失去微笑；而且，不僅在臺上要維持芭蕾女伶的招牌表情，在後臺也要保持。也許就是因為這樣，雖然我們不是職業舞者、也沒有觀眾在看，但老師總是強調控制表情的重要性，並說芭蕾中最重要的「戒律」，就是不要在臉上透露你的腿正在做的事情。

老實說，要求基礎班學員連表情都要控制，實在不太合理。一開始光是努力不讓腳部動作出錯就夠吃力了，過沒多久還要做到手腳動作完全協調的 coordination；再更進一步則要控制視線，眼神要自然地根據手腳移動的方向改變，而且可不是盯著手或腳看就好，而是要根據動作調整，甚至連頭傾斜的方向也要改變，真是難上加難。接下來，還要注意表情，這已經超過我的腦容量能容納的程度，簡直就是強人所難。

我目前的功力根本不足以應付這一切，表情也是時好時壞。雖然在跳一些已經練習很多次、比較有自信的動作時，可以保持嘴角上揚，但如果是第一次嘗試，或是身體還沒有完全習慣的困難動作，表情就會立刻垮掉。一直等到老師說：「咦？你的表情怎麼突然變得這麼可怕？臉部要放鬆。」我才會猛然意識到，不禁慌張地苦笑。偶爾會有些進

階班的學員來這裡補課,我覺得我跟他們最大的差異也在於表情管理,不僅是實力差距,他們在跳躍、轉圈時也總是保持微笑、嘴角上揚,讓我確確實實感受到他們扎實的功力。

＊＊＊

倒轉到跳芭蕾之前,我光是在主持節目時,就很難控制表情。我與所謂的「撲克臉」相去甚遠,連在做節目時,也會原封不動地將情緒寫在臉上,但這對主持人來說,無疑是一個很大的缺點。

更何況,我長期主持的節目《通宵討論》,正反雙方來賓會針對爭議話題激烈地爭論,主持人必須在他們之間保持公正中立的立場,但有時不小心做錯了表情,就容易被誤解為偏袒特定陣營。

而且,在長時間討論的過程中,如果某方重複已經講過的話,或說些不合邏輯的話,我也會不自覺地露出不耐的神情。雖然我很努力在所有情況都保持毫不動搖的平穩表情,但熬夜主持三、四個小時的節目,實在很難一直維持這種狀態。經過幾番思索後,我終於和製作團隊共同找出一個解方:當攝影機要特寫我的臉時,製作人會提前透過入耳式耳機暗示,只要我聽到「要拍主持人反應」時,就快速控制表情。在經過無數次訓練後,我終於不需要製作人暗示,只要

覺得自己表情有點垮掉就立刻調整，不斷重複這樣的過程。

現在，我也越來越深刻地體會到，不僅是跳芭蕾或上節目，平常就必須努力維持好的表情，因為以什麼樣的面孔生活，會改變一個人的人生，那影響超乎想像。當我還在報社擔任菜鳥記者時，某位前輩很早就教會我這點，令我非常感激。這位 J 前輩總是露出讓人印象深刻的溫和微笑。

他埋首工作時表情十分嚴肅，但一聽到有人喊他「前輩！」，他一定會換上他特有的河回面具（按：韓國河回村傳承已久的河回別神祭假面舞的面具）般的表情。有一次，我在酒席間問他，他總是能那樣子微笑，到底有什麼祕訣；出乎意料的是，他說他本來是個不懂如何微笑的人，直到經歷了人生各種困難、邁入中年的某一天，和鏡中的自己對視時，他受到很大的衝擊──鏡中是一個連自己都感到害怕、面目猙獰的男人。當時，他一直處於無法獲得幸福的情況下、不斷忍耐著，在不知不覺之間，表情就變成了那樣。

「當時我下定決心，一定要改變表情。如果我再繼續以那樣可怕的表情生活，任何人都不敢靠近我，那麼一來，我就會變得更加不幸，所以從那天起，我開始每天站在鏡子前練習微笑。」

當他嘗試使用平常沒在用的肌肉時，擠出了不像笑也不像哭的尷尬表情。他花了很多時間嘗試把眼角往下拉，也試著抬高嘴角，觀察自己哪個表情最好看。經過無數練習後，

終於找到了他的招牌——一個人見人愛的微笑。聽完後，我不禁讚嘆，並提出最讓我感到好奇的問題：「表情改變後，你的人生有發生什麼變化嗎？」

「我本來的個性其實滿尖銳的，但大家看到我練習過的微笑時，都以為我很好親近，便輕鬆地靠近我。為了不讓那些人失望，我開始努力改變，個性也變得比過去圓融許多，我也是因此才能更認識你啊！如果我還是一副凶巴巴的表情，你應該也不會想靠近我，不是嗎？」

前輩這個「改變表情就能改變人生」的教誨讓我印象深刻，而在大約7年前，我把這個祕訣完完整整地傳授給一位久違重逢的老友。那是自從國中畢業後就再也沒見過的老同學，在某次偶然的機會下重新遇見了。

不過，他的模樣卻讓我幾乎認不出來，感覺非常陌生。不只是因為年紀增長，可能是人生經歷過太多波折，他小時候那討人喜愛的模樣已經消失得無影無蹤；在我面前的老友愁眉苦臉、眉頭深鎖，看起來簡直就像另一個人。雖然當時他其實並非處於特別困難的狀況，但是僵化的表情似乎怎樣都無法擺脫。

於是，我告訴他J前輩長期努力改變表情的故事，並提醒他，他過去的微笑是多麼可愛。

幾年後我又收到那位朋友的聯絡，再次與他重逢時，他又再次讓我嚇了一跳。7年前那累得快死的表情竟然完全消

失,他的臉上重新找回了笑容,雖然皺紋和白髮依舊,但儼然成了與當時不同的人。他說:「我按照你說的,經常對著鏡子練習微笑,結果很有效耶!遇到我的人都說我氣色變好了,還問我是不是有什麼好事。聽到那些話之後,就算沒有發生什麼好事,心情也變好了,我自然而然又笑了起來。」

＊＊＊

這世界上誰不辛苦呢?每個人都背負著各自的煩惱和沉重的包袱,撐過一天是一天。但是有些人一遇到困難就寫在臉上,向大眾宣告自己是世上最辛苦的人;也有一些人在糟糕的情況中依然努力露出開朗的表情,如果非要在兩者中擇一,那我肯定會選擇後者,畢竟,皺著眉頭不會讓我好過,而且就算露出那樣的表情,別人也無法替我解決問題。

我相信「愛笑的人運氣不會差」這個古老的道理,也相信燦爛的微笑能改變人生,因此,我今天也想要揚起嘴角,露出微笑。

優雅卻堅定地活下去

arabesque
阿拉貝斯克

一條腿伸直站立,另一條腿向後抬起並伸直,手臂可採取多種姿勢,第一阿拉貝斯克(first arabesque)的姿勢為站立腿的同側手臂往前延伸,向後抬腳的那側手臂則往側邊延伸。

在開始學芭蕾一個月左右，我前往西班牙和葡萄牙，踏上為期10天的旅行。一方面為了難得的長途旅行而激動不已，另一方面又隱隱擔心我才剛踏出學芭蕾的第一步，會不會很快就忘得一乾二淨。我和在同一間舞蹈教室上課的公司晚輩J說這件事，她便提出一個有趣的建議：「前輩，你可以在旅行景點擺出芭蕾動作拍照，當作回顧你在這段時間學到的東西。」她說，在跳休閒芭蕾的人當中，很多人會以美麗的風景為背景，拍下「人生照片」留念。

然而，到當地才知道，那些所謂的「打卡景點」根本人山人海，我完全不敢嘗試什麼芭蕾動作。不知道如果是底子深厚又有實力的人會怎麼做，但像我這樣的初學者要是貿然站出來，只會丟人現眼罷了。

儘管如此，就在我還抱有一絲遺憾時，終於在旅行的最後階段迎來了等待已久的機會。當天，我結束了在西班牙的

旅行，前往葡萄牙的美麗港都波多。

我們把行李放在飯店後，便下樓前往大廳，準備吃晚餐，當我一打開面向海邊的大門時，發現正好是黃昏，大西洋在晚霞的映照下五彩繽紛，讓人不禁讚嘆。這時，我突然想到不能錯過這個大好時機。

我迅速將手機遞給站在一旁的一行人，拜託他們在其他人到來之前趕快幫我拍照，而在那一瞬間，我不自覺地擺出的動作就是 arabesque。一想到要拍芭蕾紀念照，在那一個多月學過的各種動作中，我下意識地做了這個姿勢，還因為怕被別人看到，所以拍完照就匆忙奔去看照片。或許是景色太過優美，在我看來，將那張照片當成我的人生照也毫不遜色，我暗自慶幸，還好剛剛有鼓起勇氣，真是做得太好了，然後心滿意足地將照片傳到家人和朋友的群組裡炫耀一番。

回韓國後，我一進到芭蕾教室就想讓老師看照片，想被老師稱讚。我心想：「老師如果看到只學了一個月的學生，竟然拍出了美麗的芭蕾舞照，一定會很驕傲。」然而，老師看了我的照片後，只說了一句：「再過一年左右，你的曲線應該會不一樣。」

老師的反應與我預期的太過不同，讓我驚慌不已，腦中瞬時閃過無數個念頭：「咦？怎麼了？是我的曲線不對嗎？arabesque 本來不是這樣嗎？」我強作鎮定地回答：「當然！我才上了一個月嘛！老師，我會更加努力，希望能在一

年內把 arabesque 做到好！」

別說是得到滿心期待的稱讚，沒想到反而被狠狠地指責了。後來，我帶著後悔的心情，在 YouTube 和網路上仔細搜尋，一位芭蕾教室主任上傳的文章吸引了我的注意。「如果叫一般人做芭蕾動作，大家最常做的就是 arabesque，但要確實做好這個動作需要花最多的時間，如果想評估學生的實力提升了多少，只要看他們做 arabesque 時的曲線就可以知道。」

我心中頓時湧現一陣羞愧感，不禁嘆了一口氣，這篇文章彷彿是寫給我看的。俗話說「初生之犢不畏虎」，而我這個超級菜鳥竟然毫不畏懼地拍了 arabesque 的照片，還感到得意洋洋。

好不容易調整好心態、找出正確姿勢後，我做錯的部分自然呼之欲出。arabesque 的重點是，要先挺直腰桿，在這個狀態下伸直雙腿，一條腿直立，另一條腿向後抬起超過 90 度；這時抬腿的膝蓋不能朝地，同時 turnout 要做到位，從大腿到腳踝都轉向外側。

然而，看我在照片中的姿勢，腰沒有挺直、身體前傾，向後抬起的腿沒有伸直，turnout 也不完美，根本一塌糊塗，想當然耳，抬起的腿也不到 90 度。

到那時我才想起，平常做 arabesque 時，老師都會說「腰挺起來」、「膝蓋伸直」、「後腳不能出現在鏡子裡，再

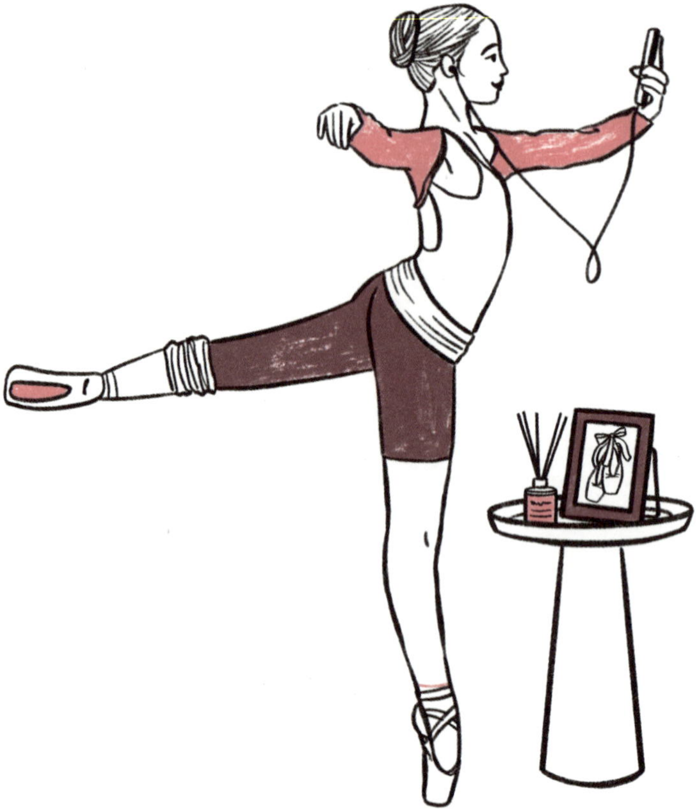

抬高一點」，雖然我已經聽到耳朵快要長繭，但看來我仍沒聽進去，依然根據我平常的習慣伸手、抬腿，然後自認做得很好。

不過，大家不都說我是個心態非常正向的人嗎？我決定不要再感到丟臉。雖然已經遲了，但至少現在我終於搞懂了arabesque的正確姿勢，這是多麼值得慶幸！因此，我懷著極大的抱負：如果我能像老師所說的，在一年後呈現出完全不同的線條，那我也會用相機拍下來，把兩張照片並排掛在牆上。

＊＊＊

話說回來，關於arabesque，我還有一個沒有解開的問題──為什麼這個動作叫arabesque？我怎麼找也找不到答案。以詞語結構來看，可以推測出此詞源自「阿拉伯式」（arab）。我在西班牙旅行時聽說，arabesque是指運用樹枝、葉子等植物或漩渦形狀製作出的阿拉伯式花紋設計。

實際上，由於過去那一帶受到伊斯蘭勢力統治，所以建築物各處都能看見這樣的花紋，在販售給觀光客的各種紀念品中，很多物品也都有阿拉伯式的花紋。我覺得很漂亮，而且名稱跟芭蕾動作一樣，讓人感到神奇，就買了幾個回來；但不管再怎麼看，我還是不知道兩者之間有什麼關係。有一

說是 arabesque 呈現的身體曲線，就像阿拉伯式花紋中的幾何圖案，但並沒有事實足以驗證此假設。

另一個跟 arabesque 有關的、不可不提的有趣之處，那就是 arabesque 與花式滑冰中的飛燕（spiral）非常相似：飛燕是一條腿向後伸，抬到腰部以上，同時用另一隻腳在冰面上滑行的動作，有時會用手抓住後面抬起的腳，有時則不會抓住，有人稱後者為「arabesque 飛燕」，也就是張開雙臂，將腳抬高滑行。

「花滑女王」金妍兒（按：她為韓國奪取首枚冬奧會花滑金牌），最為人津津樂道的就是她的 arabesque 飛燕比任何人都美，其祕訣不是別的，正是因為她學過芭蕾。

2007 年，她曾向加拿大籍世界級舞者伊芙琳・哈特（Evelyn Hart）學芭蕾，之後她的飛燕就更進步了，不過，聽說小時候金妍兒覺得芭蕾很無聊，沒有表現出太大的興趣。據她母親表示，比起看似靜態的芭蕾，她更喜歡充滿活力的滑冰。

我也曾聽身邊的人說，芭蕾是靜態的，感受不到樂趣。公司裡熱情又有活力的晚輩 N 也說，她學芭蕾兩個月後，覺得跟自己個性不合，所以改跳鋼管舞。當我談到自己最近在學芭蕾時，她試圖勸誘我：「芭蕾是不是滿無聊的？」「和我一起去跳鋼管舞吧！」

但我的想法與他們完全不同，因為芭蕾動作看似靜態，

實際上非常激烈,在靜靜站著不動時,每時每刻依然在盡全力和自己戰鬥,光看arabesque也是這樣,為了能夠以單腳穩穩地站立,腳踝、膝蓋、骨盆、指尖、腳尖都要一一注意保持水平,只要有任何一處垮掉,就很容易左右晃動,到最後就得用雙腳支撐。

當然,花式滑冰和鋼管舞都是非常頂尖的運動,也各是一門藝術。對於晚輩N願意挑戰不容易的鋼管舞,我也給予鼓勵的掌聲;只是對我來說,我似乎更適合表面看起來平靜、內在卻需要使出龐大能量堅持的芭蕾。以人來比喻,應該就是外柔內剛型吧?表面上看起來非常溫和,內心卻面對任何困難都不屈服,相當剛毅。

比起外表堅強、內心堅強的「外剛內剛」,我長久以來的夢想就是成為「在溫柔背後有著別人不知道的堅強一面」的人,所以我才會像現在這樣,不斷鍛鍊肌力和平衡感。誰說得準呢?說不定在不到一年的時間,我就能毫不動搖、穩定地塑造出美麗的曲線!

第 3 部

專注在自己身上的方法

失去自己軸心的那一刻,
原本還在旋轉的身體會傾斜而倒在地上。
老師看到我這樣摔倒後說:
「你打算要坐在那裡到什麼時候?
沒什麼大不了的,本來就是要摔倒才能站起來。」

美麗的標準是……

cambré
拱形

上半身向前彎、向後彎或倒向側邊的動作，身體像弓箭那樣彎曲。

「為什麼偏偏是芭蕾？」我有了年紀才開始學芭蕾，似乎讓旁人感到詫異，所以我常常被問這個問題。這時，我都會坦白說出心裡第一個浮現的答案：「因為芭蕾太美了。」接著對方會一臉不屑地再問：「美又能幹麼？」講到這裡，我就覺得再多加說明也沒用。

　那麼，我就會改變方向，提出一個所有人都能接受的回答：「芭蕾可以增加肌肉量，提升平衡感，所以能降低摔倒的危險，你應該知道，在我們這個年紀摔倒有多危險吧？」當我提到「摔倒」這個切中要害的話題，對方的表情才會明朗起來，並說：「沒想到芭蕾是這麼好的運動！」

　以各方面來看，芭蕾都是一個非常好的運動，連看似簡單的動作也需要下腹或大腿等身體部位用力撐住，因此不可能不長肌肉。年紀增加後，肌肉流失成為一大問題，而跳芭蕾能保留肌肉、不致流失。我在剛開始跳芭蕾的幾個月

內，體脂肪減少5公斤、肌肉量增加4公斤，這驚人的結果可能是我這輩子最棒的紀錄。在做健康檢查時，連幫忙測量InBody（身體組成分析）的護理師也恭喜我，說第一次在我這種年紀的人身上看到這種變化。

說真的，我也搞不太清楚。明明在跳芭蕾之前，我也持續做瑜伽和健身，超過20年毫不中斷，但肌肉量竟絲毫沒有增加，芭蕾的運動效果到底有多大，才能讓我的身體發生這麼大的變化？韓國環球芭蕾舞團團長文薰淑曾說：「表演一場芭蕾所消耗的能量，相當於足球選手踢完上、下半場加延長賽。」（摘自「2023年附解說的芭蕾」表演）這句話並不誇張。這也是為什麼看起來弱不禁風、身材纖細的芭蕾女伶，實際上每個人都有著結實的肌肉。

芭蕾對身體也有卓越的功效，尤其是像我這樣的中年人或銀髮族，跳芭蕾相當有益健康，這是英國皇家舞蹈學校（Royal Academy of Dance）針對50歲以上的女性，實施芭蕾教育計畫後得出的結論。

研究發現，在學習芭蕾後，這些女性的身心狀態和生活品質都有了驚人的提升，以身體來看，不僅肌力增加，平衡感、柔軟度、骨質密度也都有改善；再加上搭配音樂跳舞時會分泌出多巴胺、血清素、催產素等各種有益大腦健康的激素，連帶產生了預防失智症的效果。

芭蕾教室的老師平時就常說：「跳芭蕾可以維持正確的

體態，所以很多整形外科醫生也會建議來診者學芭蕾。」芭蕾有這麼多優點，我覺得神經科和精神科也應該積極推廣。

不過，這些功效我也是後來才知道。正如前面所說，我迷上芭蕾的根本原因，是那極為美麗的藝術感。除了專業舞者在舞臺上穿著輕飄飄的舞裙展現出的優雅姿態，有時看著在教室裡上課的同學們，我也會不由自主地感嘆「芭蕾真的好美」。雖然現在只要動作稍微難一點，我的手腳就會打結、跳得笨手笨腳，跟那些實力堅強的人相比還差得很遠。但是，他們在練習時，我總是在一旁看得如癡如醉。

在各種芭蕾動作中，我覺得cambré最為美麗，上半身像弓箭一樣向後彎的模樣，像極了一隻優雅無比的天鵝。話雖如此，如果要做好這個看上去如此唯美的動作，同樣需要不小的功夫：重點是緊緊穩住腰部，只有上胸向後彎，而身體越柔軟，就能彎得越多。不久前我在一場表演中，看到一位十幾歲的芭蕾天才，她的cambré彎得幾乎讓人覺得她的頭快要著地，觀眾席響起一片讚嘆聲和掌聲，那場面讓人感受到脫離現實的美。

當然，現在我的彎曲角度和優雅程度遠遠不夠，不過每當我把視線投向遠處，身體向後彎的時候，心裡就會默念一個咒語：「我是世界上最美的。」總覺得我必須這麼想，才能多少帶給觀眾這樣的感受。

有人說跳芭蕾會變漂亮，或許正是因為需要這種心態

吧！如果每次做 cambré 之類的動作時，都一直默念「我很美」的咒語，久而久之，表情和態度肯定會有所改變；再加上芭蕾卓越的增肌效果，能幫助消除身上的贅肉。

有一次，一位還在讀研究所的同學 S 說：「跳完芭蕾後，身上的浮腫消了很多，而且上課前後的臉型完全不一樣。」S 還說，如果拍攝「本日芭蕾完畢」的認證照並上傳到 Instagram，就會切身感受到芭蕾的功效。平常我們的老師總說芭蕾是「不用動刀的整形」，看來那句話至少有一部分是對的。如果在跳美麗的芭蕾時，還能讓自己的外表變漂亮，那真是再好不過的事了。

＊＊＊

老實說，過去我當節目主持人時，就因為外表而備感壓力。眾所周知，透過攝影機拍出的畫面，大多會膨脹二至三成，在電視上看起來很苗條的人，在現實中幾乎都瘦得像皮包骨。至於個子偏矮、體型偏胖的我，在開播初期看到畫面上自己圓潤的模樣，受到了不小的衝擊；不僅如此，我還遇到了「身材必須塞得進衣服」的現實難題。

在節目上亮相的衣服由各品牌贊助，大部分都是 S 號。雖然每件衣服略有不同，但對我來說，很多衣服都太緊了，導致穿起來沒有什麼派頭，或是不方便長時間穿著。「主持

第 3 部　專注在自己身上的方法

人的尺碼有點尷尬，S對你來說太小，M對你來說太大，但M的衣服沒有幾件，可能還是要勉強你穿S的……」

我無法忽視服裝組長的苦惱，經過深思熟慮後，我選擇的解決辦法是間歇性斷食。基於工作特性，晚上常常會有聚餐，很難每天維持少食，所以我的原則是在沒有約會的日子盡量不吃晚餐。平時我可是一點也不挑食，甚至有人說我「那麼小的一個人怎麼那麼會吃」，所以這樣的決定，等同開啟了一場非常艱難的搏鬥。

不過，離開螢光幕後，我就不再勉強自己節食。想起以前我擔心在電視上顯胖而強忍飢餓、逼自己入睡的夜晚，就不禁為自己感到心疼。回想起來，我2012年開始主持節目時，已經四十五、六歲了，而韓國新聞和時事節目的主持人組合，大部分是四、五十歲男性搭配二、三十歲女性，從這點來看，我是非常少數的特例。

我先在報社擔任了20年的新聞記者，很晚才開始主持電視節目。前輩給予我的祝福是：「祝你能成為韓國的芭芭拉‧華特斯（Barbara Walters，被稱為『主播女王』的美國主持人）。」華特斯長期主持美國NBC的《今日秀》（*Today*），後來在2013年轉換到ABC，擔任《觀點》（*The View*）的主持人，當時她已經84歲。

前輩們這麼說，是希望我也能像她一樣長長久久地做節目。不過在當時，我其實已經是韓國無線電視和綜合頻道的

時事節目中,最高齡的女主持人了。

　　韓國跟美國不同,別說是80歲,連40歲的女主持人也很少見,韓國電視圈的風氣就是如此。雖然我試著對自己喊話,鼓勵自己:「年齡沒什麼大不了,只要好好做節目就行了。」但是在外貌主義盛行的電視圈,作為中年女主持人,很難完全不感到壓力。可是,我又不願意做手術或微整形,因此我唯一能維持身材的方法就是間歇性斷食──不吃晚餐,而且我持續此習慣超過10年。對於在電視圈工作的我來說,維持適當的體重和臉不浮腫,是我死守的最後底線。

　　離開電視節目後,才總算擺脫這個壓力,想吃什麼就吃什麼,不用跟別人比較外表。然而,在跳芭蕾的初期壓力竟變得更大,因為課堂上許多二、三十多歲的年輕人,手腳又長又直,跟我簡直是不同人種。

　　而且,上課穿的衣服也是一大問題。我們會穿著一套與連身泳裝沒兩樣的連身衣(leotards),由於非常貼身,無論你的身材曲線如何,都會一覽無遺。上課時,我得對著教室內的大面鏡子,直視自己毫無修飾的身型,這實在讓人不太愉快。但是一段時間過去後,我更加沉迷於芭蕾,鏡中的自己也漸漸不那麼礙眼了。這可不是因為我的身材在這段期間有了驚人的變化,而是因為我開始專注在芭蕾的本質上。

　　現在,當我看到擅長跳芭蕾的身體及全心享受芭蕾的表情時,只覺得無比美麗。纖細的身材和小巧的臉蛋,不再是

我衡量美的標準。不久前,有位日本女性來韓國旅行時,順便來我們的芭蕾教室上課,我看到她跳舞的樣子不禁稱讚道:「本当に綺麗です(真的很漂亮)。」雖然她和我一樣都比較嬌小,但她不僅將需要肌肉力量的高難度動作演繹得乾淨俐落,跳舞時沉醉的表情也非常迷人。

事實上,包括我在內,大部分跳休閒芭蕾的人,體型都與所謂的「芭蕾身材」(ballet body)相去甚遠,很難同時具備小臉、長脖、纖細的四肢、小又有彈性的臀部等條件;但是,大家在經過無數個小時付出汗水的努力後,最終完成了美麗的芭蕾動作,這在我的眼中就是最無法比擬的美。

我喜歡欣賞同學練習芭蕾的模樣,並不是因為她們的身材好看,而是因為**擁有各個體型、來自不同年齡層、生長於各個背景的人,都因熱愛芭蕾這一共同點,聚集在一起、盡最大努力跳舞,這點每次都帶給我很大的感動。**

因此,我把「鍛鍊出擅長跳芭蕾的身體、練出全心享受芭蕾的表情」作為新的形象目標。為了做出比現在更好看的動作,我希望身上每一處的肌肉都能更結實。儘管沒能生來就具備異於常人的芭蕾身材,但只要努力,應該也能擁有擅長跳芭蕾的身體吧?因此,我每天都在家裡勤做棒式、橋式、深蹲等加強肌力的運動,也會鍛鍊腹肌,並用啞鈴加強手臂。

不久前,我穿了一件大露背的連身衣去上課,J老師稱

讚道:「哇!你的豎脊肌(沿著脊椎兩側延伸的長型肌肉)練出來了!」在我這個年紀,竟然能被稱讚豎脊肌,這比我上學時拿到第一名還開心十倍、百倍!現在,我轉身時比以前更穩定,軸心能直立,不會左右搖晃,這大概就是肌力運動的功勞。

如果我能在鍛鍊各個部位的肌肉後,自信滿滿地以更結實的身體跳舞,應該就能自然地流露出像是芭蕾女伶的優雅神情。今天,我也夢想著自己會變得更美麗,帶著愉快的心情出門運動。

找到屬於自己的軸心

pirouette
旋轉

單腳站立在原地旋轉。一隻腳用腳尖站立後,另一隻腳的腳尖貼在站立腳的膝蓋上旋轉。

在公認困難的芭蕾動作中，pirouette 對初學者來說特別棘手，就像一道難以翻越的高牆。拆解來看，這個姿勢只要在原地，用一隻腳像陀螺一樣旋轉即可，但實際做起來完全不像說的那麼簡單。pirouette 跟所有轉圈動作一樣，軸心是最重要的，也就是讓身體的核心保持直立，否則身體會前後左右晃動，無法順利轉完一圈。

　　首先，要將重心穩穩地放在站立腳上，做出 plié（彎曲膝蓋），然後在挺直身體的同時收起另一隻大腿，迅速將腳尖貼在站立腿的膝蓋上；同一時間，原本向兩側延伸的手臂在身體前方合起並旋轉。這時另一個要注意的重點是，頭盡量先不要動，撐到最後一刻再轉，因為如果身體旋轉時頭也一起旋轉，會導致暈眩而難以穩住重心。這些就是我粗略挑選出來的要領，另外還有其他該留意的瑣碎部分……身體必須完全掌握這些，才能乾淨俐落地完成 pirouette。

在跳休閒芭蕾的人之中，雖然也有人在做這麼困難的動作時，可以一下子轉兩、三圈，但是還停留在初學者階段的我，光是穩定地轉一圈就很吃力了。不過，我堅信老師所說的這句話：「練習絕對不會背叛你。」幾乎一天也不漏地勤勞苦練，如果在課堂上沒有時間充分嘗試 pirouette，我就會獨自留下來轉個幾圈再走。

　　沒有上課時，我則在家中客廳或健身中心的團體教室獨自練習。在家裡練習時總是提心吊膽，擔心撞到電視；在團體教室練習時，則是小心翼翼，害怕地面太滑不小心摔倒。不過我還是不能放棄「一天一 pirouette」，甚至連旅行時，無論長程或短程，我都會帶上練習鞋，在飯店鋪著地毯的地方練習 pirouette，因為我擔心只要一天不練習，原本稍微增強的實力又會退步。

　　在跳 pirouette 時，有時候右轉很順、左轉卻不順，有時則是相反，那麼我就會集中練習不順的方向，但無論是哪個方向，對於用腳尖站立支撐的那側大腿而言，都是相當勉強的，有時跳到一半會摔倒，把大腿弄得到處瘀青，腳背也會很痛。

　　儘管會摔、會痛，我仍然持續練習，是因為我相信努力能帶來的結果，也就是當我莫名跳出完美的 pirouette 時，感受到的那股巨大成就感。尼采（Friedrich Nietzsche）不是有句名言嗎？「凡殺不死我的，必使我更強大。」每每看到自己撐過辛苦的練習過程、越跳越好的樣子，就會切身感受

到自己正在變強，心中洋溢著喜悅。

如果芭蕾動作統統不需要努力就能精通，我可能不會這麼迷戀。芭蕾最大的魅力在於，在繃緊全身神經的情況下，只想著「正確做好現在這個動作」的目標，並且高度專注。因此我至少能在跳芭蕾的時間，忘記繁雜的日常生活，全心全意專注在自己的身體動作上。

這難道不就是心理學家米哈里‧契克森米哈伊（Mihaly Csikszentmihalyi）所說的「心流」（flow）嗎？他說，當人們深入投入於某個行為時，就能感受到幸福的真諦，好比沉浸於演奏小提琴的樂手忘卻一切，與音樂融為一體的那一刻；又或是攀岩家在攀爬岩壁時，心中只專注於下一塊腳要踩的岩石。契克森米哈伊提出的心流條件大致如下：

- 全神貫注在事情上。
- 明確的目標和回饋。
- 挑戰和能力之間的平衡（與工作能力相比，事情不能太容易，但也不能太難）。
- 時間的扭曲（感覺幾個小時就像幾分鐘）。
- 感受到自己正控制著自己的行為。
- 專注其中，不在乎別人眼光。

觀察他提出的條件，我好像明白了為什麼每次都覺得上

課的90分鐘很短，以及為什麼在做困難的動作時，我也總是笑得出來，這都是因為芭蕾讓我完全進入心流的狀態。事實上，我在快退休的年紀突然迎來安息年，遠離了每天上班的生活，我固然沒辦法多愉快。之前有過類似經歷的前輩們告訴我，在這種時間點，一不小心就很容易變得憂鬱、意志消沉。於是，我一接到人事安排的噩耗，隔天立刻報名芭蕾課，因為我覺得，如果只是更努力從事原有的運動和興趣，應該很難戰勝橫亙在眼前、讓我心煩意亂的現實。我想應該要學習一些全新的東西才能轉移注意力，讓那些雜亂的想法無法乘隙而入，後來果然如我所料，當下那一瞬間選擇芭蕾，真是神來一筆。

* * *

除了我之外，藉由投入芭蕾來戰勝沉重生活的人還真是不少。我在芭蕾教室認識的朋友中，有些年輕媽媽正經歷著艱難的育兒時期，她們利用育嬰假期間或居家辦公的空檔來上課；她們一致表示，芭蕾課是唯一可以喘息的幸福時間，其實就算她們沒說，我也很了解她們的心情，因為我早就走過那段艱辛的路程。

有了孩子後的生活，跟之前簡直是天壤之別。儘管看著天使般的孩子會感受到片刻的欣慰，但如果每天重複著追在

孩子身後餵他、幫他洗澡、穿衣服、哄他睡覺的生活，簡直就像被關進監獄一般煩悶不已。「孩子睡覺時最漂亮」、「孩子還在肚子裡時更輕鬆」，這些老話不是無緣無故出現的。再加上，如果還要兼顧工作，那困難度勢必會增加兩、三倍，有年幼子女的媽媽們，無論是晚上、週末或假日，都沒有能完全休息的空檔。

但是，如果她們出門上課，心無旁鶩地練習 pirouette，那麼至少在這段時間可以離開育兒的滾輪。課堂結束後，就像灰姑娘得在12點魔法消失前回家一樣，她們下課後也要趕回各自的日常生活；然而，不久後又能跳芭蕾的期待，支撐著她們度過職場婦女的艱苦生活。

除此之外，還有一些人是透過跳芭蕾來排解課業壓力。在教室裡跟我很要好的朋友中，有幾個是在附近大學就讀的學生，有時他們會有段時間沒來、隔很久才出現，一問之下才得知前陣子都在準備考試、寫論文、協助教授，而忙到沒時間。真不知有多辛苦，臉上都已經冒出青春痘、臉色蒼白，每次見到我總會感到心疼。儘管課業如此忙碌，他們大多數依然不會中途放棄，而是想盡辦法抽空上課；那是因為當他們挑戰這些不簡單的芭蕾動作、專注在完成這些姿勢上時，就能忘記學校帶來的痛苦。

隔很久才現身於芭蕾教室的同學們，特別會傾注全力跳 pirouette，如同站上驗收舞臺一樣，想藉由 pirouette 檢視自

己的芭蕾實力是否在這段時間退步。不久前好不容易回來上課的同學 Y 也反覆練習轉圈，但和以前不同的是，這次她轉圈時一直往旁邊倒；她問我覺得她跳得如何，我回答，先不管別的，應該先從讓身體軸心直立開始練習，因為在軸心偏離的情況下，轉再多次也無法正確做出 pirouette。

　　同學之間平常的話題都是關於如何跳好動作：為什麼每次跳 pirouette 時，身體都會向後仰？手臂要呈現什麼姿勢才更容易轉動？為什麼一圈都還沒轉完，應該要貼在膝蓋上的腳總會掉到地上？光是一個動作就有很多可以聊的。有一次，一名進階班學生不知怎地來基礎班上課，結果竟展現出與我們不同級別的完美 pirouette。我不僅非常羨慕，還嘆了一口氣說道：「和他剛剛跳的相比，我的 pirouette 還是太差了。」其他同學也紛紛表示同感。

　　忙於課業的學生、飽受育兒折磨的媽媽、將退休的我，雖然我們各自背負著沉重的現實，但至少在跳芭蕾的時候，能完全專注在自己身上，感受到此時此刻完美跳出 pirouette 比任何事都來得重要。

　　為了能在我們各自的位置上全力以赴，好好活出自己的生活，我們都需要可以如此投入的時間。芭蕾讓我們從日常生活中逃離，專注於讓身體旋轉，同時立起自己的中心。過去不順暢的呼吸終於暢通了，我們能投入在芭蕾之中，該是多大的幸運。

做得沒有別人好，也沒關係

grand battement
大靠合

像用力拋擲那般將腿向前、向後、向側邊用力踢超過 90 度的動作。利用腳滑地的力量順勢將腿踢高。

「因為我的腿很短啊！」每次這句話已經到嘴邊、快要說出來時，還是會被我吞回去⋯⋯通常都是要做將腿踢高的 grand battement 時，會有說這句話的衝動。

　　老師常說要把腿踢到頭的高度，但我頂多只能踢到肩膀那麼高。聽說，如果不是直接抬腿，而是藉著腳滑過地面的力量就能踢得更高，但我就算那麼做，也無法達到令人滿意的高度。我再怎麼想，都覺得我做不好這個動作的最大原因是腿太短，由於絕對長度不夠，所以不管再怎麼努力，腳尖永遠碰不到頭（我知道這樣講肯定會被罵，所以還沒有向老師坦白）。

　　無論是舞臺上的芭蕾女伶還是一起上課的年輕人，大家的手和腿都很修長。有句話說，隨著世代的演進，體型會逐漸「西方化」，我切實感受到這句話真的很對——這些長腿的年輕人明明跟我做一樣的動作，卻做得比我好看、漂亮得

多。說實話，我偶爾會埋怨自己，為什麼偏偏要在那麼多興趣中選擇芭蕾，暴露自己短腿的悲哀？

在日常生活中，我們也很常因為與別人比較而失去自信。大概世上任何人都免不了比較，外表、學校成績、職場薪資、家庭環境等，可以比較的地方不能勝數。

更何況，現在還有臉書和Instagram這種社群軟體，大家似乎每時每刻都在爭相炫耀，導致越來越多人覺得自己輸給別人：「大家暑假都去豪華的度假勝地，好像只有我一個人沒去？」「那麼多人到處旅遊吃美食，怎麼只有我一個人是吃超商的便當！」

聽說現代人容易因為別人的貼文而產生相對剝奪感，因此使用社群媒體的時間越長，罹患憂鬱症的風險越高。實際上，根據美國匹茲堡大學醫學院的調查結果顯示，接觸社群媒體最多的群體罹患憂鬱症的風險，比接觸最少的群體高出2.7倍。其實每個人的生活都差不多，但某些人會在特別的日子捕捉特別的瞬間後，再上傳到網路上，但那些內容卻讓別人感到不幸。而且這種影響是互相的，反之亦然，這種惡性循環不斷延續。

幸運的是，還好我青少年時期還沒有社群軟體，因為在那個時期，我光是到一個新環境，都會因為跟別人比較而變得非常沒有自信。剛進報社時也是這樣，我是在大四下學期以應屆畢業生的身分，通過了報社的公開招聘考試，再加

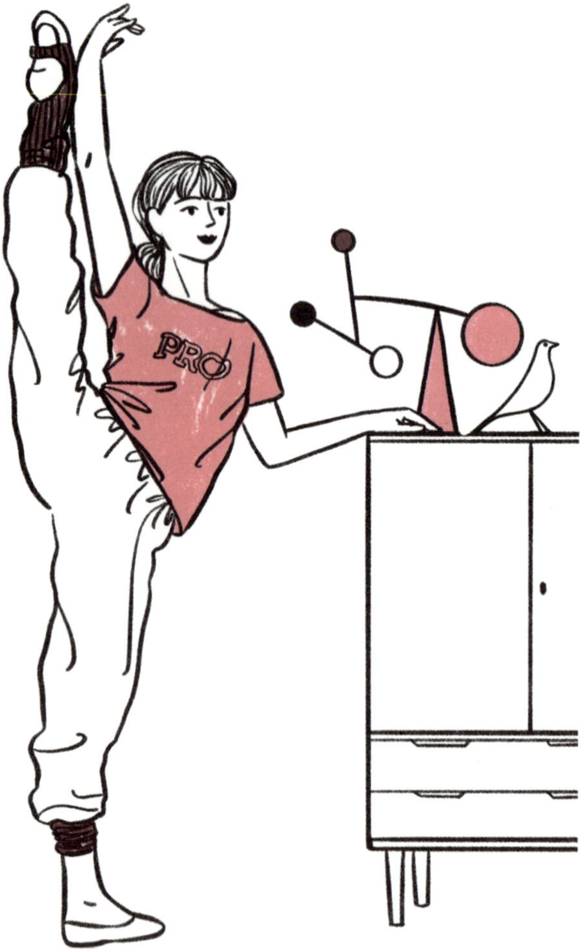
PRO

上我國小早讀一年,所以20歲就當上記者;不過,同期的男生甚至有人大我8歲(按:韓國男性通常會在讀大學時當兵,一次當兵約兩年,所以拉大了年齡差距)。

然而,旁人的祝賀、上榜的喜悅都是暫時的,我面臨到的一大困難是因為年紀小,所以比其他同期更沒有經驗。在實習期間,同期的人接到主管交辦的業務後,會發揮自己當兵的經驗,或利用同鄉前輩的人脈等方式游刃有餘地解決,只有我經常不知所措。比方說,我們經常要負責找到放入前輩的報導中的實際事例,但我除了學校的朋友之外,幾乎沒有認識其他人,所以真的非常茫然;一直到後來逐漸累積經驗、建立自己的人脈後,我才會被稱讚說「做得還不錯」,但在那之前,心裡的痛苦實在無法言喻。

幸虧我從小就喜歡寫作,被認定為「年輕記者中比較會寫文章的人」,這讓我稍微找回自信;更幸運的是,這成為關鍵契機,讓我能在二十幾歲以自己的名字開設專欄。之前「年輕女記者」的特徵一直是我的弱點,不過,我反而將此定位當成武器,努力用嶄新的文體展現與眾不同的視角。

我曾在專欄中點出「禁止同姓氏、同籍貫的人結婚」此制度的問題,當時還有人批評我:「在韓國這種儒教風氣盛行的國家,這種想法是不是太前衛了?」(此制度在1997年被判定違憲,後來2005年通過民法修正案後才廢除)。儘管我沒能以卓越的採訪能力,挖掘許多獨家報導,但我可

以自豪地說，我曾寫過很多報導、提出新穎的想法。也許正因如此，在我作為報社記者的 20 年生涯中，最後 3 年我成為報社評論員，代表報社撰寫社論、定期投稿專欄，這點至今仍讓我感到自豪。

＊＊＊

　　轉行做電視記者後，我又成了怯場的新手。在電視臺開播初期，跟專門製作節目的優秀人才相比，我在各種方面都差強人意，對自己非常不滿意。更何況，沒過多久，公司又來了許多長相和能力都相當出色的晚輩，使我的自尊心大受打擊，甚至懷疑讓這麼遜的我當節目主持人是否正確。

　　越和別人比較，就越覺得自己卑微。我不能一直這樣生活下去，我意識到，我必須停下每時每刻看著他人的習慣，才有時間冷靜觀察潛藏在自身之中的優點。「沒錯，我的確是第一次嘗試，主持技巧比那些長期做節目的人不熟練也是理所當然。不過，難道在做節目主持人這方面，我就沒有與眾不同的競爭力嗎？」

　　我突然想到，過去 20 年擔任報社記者這件事就是我的優勢。過去我有很豐富的採訪經驗，從無家者、政府官員到外國領導人，我訪問過各式各樣的人，應該要讓這些經驗成為令我自豪的資產；我認為我比別人更能輕鬆地引導對談，

這將成為我最能做出差異化的亮點。具備這樣的心態後，我就能更有自信地享受製作節目的過程。

而且，雖然剛開始沒有意識到，但我其實還有一個「祕密武器」——不是別的，正是習慣性失眠。雖然現在已經改善很多，但以前我失眠的情況相當嚴重，原因是我一邊照顧孩子、同時擔任記者，時間一久就難以養成有規律的睡眠習慣。在我提議進行通宵討論的節目後，某次在私人場合偶然聊到失眠的話題，結果，當時的社長孫石熙半開玩笑地說：「反正你也睡不著覺，熬夜做節目正好。」

因此，我不僅長期主持《通宵討論》，還負責其他要通宵的深夜節目，尤其是從12月31日晚上進行到1月1日凌晨的跨年特別節目，通常都是由我主持。因此，在電視臺開播後的幾年間，我都是在攝影棚透過直播聽到普信閣的鐘聲，然後跟鏡頭另一頭的觀眾說「新年快樂」，如此迎接新年（按：普信閣為首爾鐘路區的鐘樓，在每年12月31日的除夕鐘聲儀式會敲33次鐘，迎接新年的到來）。

至於選舉期間，我也常負責深夜開票節目，一直主持到投票最終結果確定為止。雖然我不知道自己是否主持得最好，但應該算是業界認定、適合在深夜進行各種長時間談話的主持人。

在我開始學芭蕾之後，也沒有什麼不同。當我離開長期奮鬥的工作、在55歲時踏入休閒芭蕾的新世界後，每時每

刻都沮喪不已,因為腿短而無法做出好看的 grand battement 只是冰山一角,我的肌力、耐力和柔軟度都比不上年輕人,上課時總覺得自己落後他人。到目前為止,我在工作上都能想盡辦法找到自己的優勢,但在芭蕾這一塊卻很難發現自己的競爭力。就算其他方面比不上別人,只要有一件事能讓我覺得自己比別人更好,就能讓我的大腦啟動恢復自信的「程序」,可是好像很難發現這方面的優點。

後來,是芭蕾夥伴 C 給了我希望。在我開始學芭蕾的第一個月,她是我的同班同學,後來她轉到進階班;三個多月後,某次她來我們班補課,結果她竟稱讚我:「你比一開始進步了很多耶!」雖然我自己沒有意識到,但在許久未見的人眼裡,相較於搞不清楚狀況、跌跌撞撞的時期,現在的我似乎有了長足的進步。「既然如此,那我可以繼續嘗試!」我彷彿聽見了恢復自信的程序啟動的聲音。

「雖然我無法成為班上把動作演繹得最好的人,但應該可以成為進步最多的人。」因為起始點是慘不忍睹的低點,所以以比例來看,就算只是稍微進步一點,也能成為成長幅度最大的人,不是嗎?有了這樣的念頭後,就能逃離看到比我厲害的人而陷入的自卑感。

grand battement 踢得不夠高又如何?在我的同齡朋友中,很多人因為五十肩而無法正常活動手臂,我卻能輕易舉起或放下手臂,光是能做到這點,就是一大祝福了啊!如果

還能扎扎實實地累積肌肉，不就夠了嗎？

在上芭蕾課時，老師會反覆說一句話：「不要看別人，看著鏡子，專注在自己的動作上。」要我們別東張西望，只要全力以赴把自己該做的事情做好就行。我想要善用自己能夠「穩定持續做好事情」的優點，試著在生活中實踐這句話。畢竟，無論別人的餅再怎麼大，那還是別人的，無法塞進自己的嘴裡。

與其迷戀、執著於做不到的事情，不如嘗試關注之前沒注意到的部分，把所有時間和精力投入於提升自己的價值，使自己大放異彩。你不用做得比別人好，只要比昨天的自己更進步一點就行了。只要這樣子，不放棄地一步步向前走就行了。

跳芭蕾的媽媽 vs. 踢球的女兒

grand pas de deux
大雙人舞

按照一定的順序和模式進行的雙人舞，首先是兩位主要舞者入場，搭配緩慢的音樂跳出優雅的舞步後，再各自進行個人表演，最後搭配快節奏的音樂，一起跳出華麗的舞步後結束。

「我的夢想是生女兒,然後讓女兒跳芭蕾。」公司晚輩K自豪地展示了還在讀幼兒園的女兒學芭蕾的照片。她說:「我原本擔心女兒長大後,會埋怨自己長得像粗魯的爸爸,但她確實在學芭蕾後變漂亮了。」不僅是晚輩的女兒,最近我身邊學芭蕾的小女生似乎也大幅增加。

聽說有些芭蕾教室考慮到幼兒很難獨自跳芭蕾,便開設了媽媽可以陪同幼兒一起學芭蕾的課程,有位朋友有一對3歲的雙胞胎女兒,卻因為媽媽和女兒必須兩人一組上課,而她有兩個女兒,無法一起上課,對此感到相當遺憾。幼兒光是能走路,我就覺得很神奇了,實在無法想像他們要怎麼學芭蕾,還是說,其實主要學習動作的是媽媽們,女兒只是在旁邊開心地玩耍?

這種狀況也會發生在我身上,我只要談到自己年紀很大才開始學芭蕾這件事,10個人當中,有8個人的反應都是:

「你應該叫女兒也一起去學！」因為他們覺得，比起55歲的我，MZ世代（按：代表千禧世代和Z世代）的女兒更適合跳芭蕾。

每次聽到這個回答時，我都會笑著說：「我女兒忙著踢球呢！」這不是我編出來的藉口，是真的！最近，我女兒沉迷於五人制室內足球（FIFA認證的室內足球形式），一到週末，她就參加業餘球隊練習室內足球。最近在職場上，有些女同事也會組隊參賽。

雖然她是我女兒，但我們兩人的運動喜好卻有180度的不同。以我來說，我在學生時期最討厭體育課，唯一擅長的項目是躲避球──因為我很怕球，所以總是拚命躲避。進入公司後，在30歲左右也挑戰過高爾夫球，因為我的記者同事說打高爾夫球有助於建立人脈，我便在慫恿之下每天凌晨5點起床上課，上了足足兩個月。密集鍛鍊結束後，我有一段期間每個週末都去打球，當時因為我揮杆的姿勢很柔軟，還被稱為高爾夫天才；然而，10年過去後，我的實力絲毫沒有長進。

說實話，自己覺得那項運動有趣，才有繼續下去的動力，而且要有努力，實力才能提升，但我只是因為大家都在打就跟風罷了，沒有感受到什麼樂趣；再加上，當時女兒要上高中，連週末也忙著準備升學考試，我便毅然決然地向高爾夫球告別，之後也完全沒有想再回去打球的念頭。從這一

點來看，這運動確實不適合我。最近經常有朋友問我，有空要不要再回去打高爾夫球，但我的立場始終如一：「我和球真的一點都不熟，芭蕾有趣多了。」

女兒卻與討厭球的我截然不同，她從小到大最喜歡的科目就是體育，尤其在團體的球類運動中展現出卓越的實力。她小學熱衷於躲避球和足壘球，國高中則喜愛排球和籃球；在體育比賽上，她經常擔任隊長，每到期中考、期末考，她不是在念書，而是忙著教那些即將面臨體育術科考試的朋友，如何托球（排球）或投籃（籃球）。

在就讀大學和研究所的時期，她則參與業餘棒球和足球的同好會。當時她經常抱怨，韓國缺乏供女性進行休閒運動的基礎設施。不過，近期韓國綜藝節目《射門的她們》帶起了熱潮，社會各處終於逐漸形成女性熱血踢球的氛圍，因此，女兒的公司也成立了女性五人制足球隊，我女兒則自然地戴起了隊長的臂章。

雖然我們母女的運動偏好天差地遠，無法共享樂趣，但我覺得光是積極地為彼此加油，就有了陪伴的感覺。尤其，女兒在我相當不擅長的球類運動中有出色的表現，這點總是讓我相當自豪，雖然她常常運動受傷，像是腳踝韌帶拉傷，令我擔心不已，但我始終支持熱衷運動的她。不久前，我去幫女兒公司球隊參加的五人制足球賽加油時，看見她的名字被寫在大型橫幅上，名字前面還寫著「韓國足球的未來」。

雖然這個形容太過誇張,但我還是莫名地激動了起來!最近我為了刺激腦內啡(endorphin)分泌,常常看女兒在決賽點進球的畫面。

同樣地,女兒也真心鼓勵我投入自己的興趣。她說我開始練芭蕾後不只變瘦,肌肉量也增加了,豎起大拇指說我真的很了不起,作為比我做過更多運動的「前輩」,她提出各種建議,例如:要避免造成腳踝和膝關節的負擔,而且一定要做 YouTube 上整形外科醫生教的強化關節運動。

從我們南轅北轍的運動喜好就可以感受到,我跟女兒的差異點比共同點更多。她還小的時候,這並沒有造成什麼大問題,但在她升上小學高年級、進入青春期後,我們就經常起衝突。連性格相似的母女都很難一起走過青春期了,更何況是相差甚遠的我們兩人!因此,遇到的困難也更大。

在那段黑暗無比的日子裡,我在思考許久後下定決心:「只要實現那個最重要的目標就可以了!為了達到那個目標,其他事情都可以妥協、讓步!」而那一個最重要的目標就是——不要和女兒結仇,成為關係很好的母女。從那之後的二十多年裡,我在實現這一目標的路上遇到的最大困難,就是要壓抑情緒、不大聲說話。

要教養一個具有強烈主見、喜好鮮明的女兒,竟連一次都不曾大聲說話,這件事說出來雖然很難相信,卻是真的!她不是那種會聽我勸的孩子,也不會按照我說的去做,而且

身為職業婦女，我也沒辦法整天跟在她身後監視、監督每一件事。因此，我制定了大原則，鼓勵她自發性地遵守，不過可想而知，她大部分時候都沒有遵守，但遇到這種情況，我不會對她發脾氣，而是冷靜地反覆告訴她，為什麼遵守該原則很重要。

我不覺得這樣的教育方法一定是對的，身邊有些長輩看到後還擔心我是不是太寵她了。但我認為孩子都很不同，用同樣的方式教導他們、把他們塞進同樣的框架，是不合理的。我最了解我的女兒，所以我只是找到最適合她的方法，並加以應用和實踐而已。

拿學英文這件事來舉例，雖然現在她的英文還不錯，但她小學時英文幾乎是直接擺爛。我知道就算硬把她拖去補習英文，她也不可能聽我的話，所以在和女兒溝通後，決定先不補習，我覺得與其強迫她做不願意做的事，不如讓她自己判斷什麼該開始。

後來，在快要上國中的六年級寒假，我問她：「你現在是不是該正式學英文了呢？之後上國中就要開始上英文課，如果完全聽不懂，會不會很難跟上？」她是到那時才同意我的話，答應去報名補習班。

但是，在評量完英文實力的諮詢時間，補習班主任竟說無法收她，因為她的程度太差了，完全跟不上。雖然聽到那驚人的回覆，我感到既鬱悶又生氣，不過我認為應該先照顧

女兒的心情,她肯定比我更受傷;我擔心她去其他補習班也可能遇到類似窘境,便對她說:「補習班真過分,那我們不要補習,在家裡開心地學英文好不好?」

這就是起點。從此之後,我在上班前和下班後都使出千方百計陪女兒學英文。早餐時間播放 EBS 英文廣播節目,大聲複誦節目中出現的一句英文;難記的單字則寫在便條紙上,再把便條紙貼在廁所門上,這樣上廁所時就可以背誦;週末我們還會一起看迪士尼動畫或《吉爾莫女孩》(*Gilmore Girls*)等美國電視劇,讓她自然而然習慣聽英文。

說實話,我很難理解女兒討厭學英文這件事,因為我在學生時代,最喜歡也最擅長的就是英文。沒想到,女兒竟然試圖在英文面前築起一道高牆,實在令我難以接受。不過,至少我非常清楚,認定彼此之間的差異是父母和子女不結仇的首要祕訣,所以我很努力調整心態。我身邊有很多父母不尊重孩子的喜好,只是將自己的欲望強加在孩子身上,最後搞得家庭不和睦,因此,我不斷告訴自己:「英文有什麼大不了?幸福的母女關係比英文重要百倍、千倍。」並安慰自己說,我的選擇並沒有錯。

* * *

過了一段時間,女兒大學畢業要選擇工作時,我也沒有

強迫她做任何決定，只是靜靜地等待她自己選擇，並在她決定後盡力提供幫助。現在，她也像我一樣走上新聞記者的道路，身邊有人批評：「為什麼不讓她選擇更好的職業？」還問說，我明明親自經歷過、知道這份工作有多累，為什麼還要讓她走上這條路？但我的回答是，我會尊重她的選擇。而且，我已經明白地告訴她這份工作有多困難、工作和生活會難以平衡、與勞動量相比賺不了多少⋯⋯但她依然選擇了這份職業，那是因為她確信自己非做不可。

在找到工作一年後，她就說要搬出去住。由於她已經正式宣布要獨立，我也只能勉強答應，後來女兒就在離家不遠的地方，布置了一個完全反映她個性和喜好的住處，並以自己的方式生活。以前，我們每天早晚都在一個屋簷下，互看彼此不順眼，最近則是週末一起吃早午餐，談論在公司感到有壓力的事，或是聊芭蕾、談室內足球。

兩人的居住空間分離後，尊重彼此的差異確實變得容易多了。也許是因為這樣，我們之間的關係變得比以前更加融洽，雖然生活分開了，關心和愛意的表達卻增加了。女兒經常在我的 Instagram 貼文按讚，我也每天會去女兒在 Naver 開設的主頁上按下「加油」鍵。

說實話，在關注彼此的社群媒體時，肯定會有想嘮叨的地方，因此才有人說，家人之間──尤其是親子之間絕對不「互追」，可謂憲法規定！不過，多虧我們很早就大方承認

彼此的差異，所以社群媒體反而是我們確認彼此近況、給予鼓勵和支持的好用工具。正因為我跳脫了「和我不同就是錯的，一定要改正」的思維模式，這一切才有可能實現，而這正是我長久以來夢寐以求的母女關係。

芭蕾女伶怎麼背得了那麼多動作？

enchaînement
舞步組合

在芭蕾中，重複或變換多個舞步後串聯起來，在英文中通常稱作 combination（組合）。

電視臺的同事都稱我為「提詞機終結者」,因為我是唯一不使用提詞機(顯示腳本的機器),而是自己背下整個腳本的主播。即使是超過3個小時的《通宵討論》,我也會把將近20頁A4紙的腳本統統背起來。有些立委和教授第一次上節目時,在攝影棚裡走來走去都找不到提詞機,驚訝地說:「我在電視上看節目時,以為肯定會有提詞機,你怎麼背得下那麼長的腳本?」

　　我無意間培養出這般與眾不同的記憶力,其實有段不為人知的故事。在過去,電視臺開播才沒多久時,我便擔任每週一集的談話性節目主持人;然而,錄製該節目的攝影棚設備條件並不好,沒有提詞機,每次錄影都要大老遠從其他攝影棚推過來。製作團隊的責任製作人因此相當為難,便問道:「能不能在沒有提詞機的情況下試試看?」當時是我這輩子第一次擔任主持人,不太熟悉電視臺慣例,也不太清楚

為什麼需要提詞機。那時我心想，只要我一個人辛苦一點，大家就會方便很多，便答應嘗試看看。由於後來沒發生什麼問題，所以我就這麼成了一名不用提詞機的神奇主持人。

事實上，在備有多臺提詞機的主要攝影棚進行選舉特別節目等內容時，我也曾試著看提詞機，但因為平常沒在用，所以硬要閱讀反而讓我更混淆。況且，如果不看鏡頭、一直盯著提詞機，等於沒有正眼看觀眾，眼神會變得很不自然，這對我來說反而是個問題。如果我可以不用提詞機，製作單位就能輕鬆一點，所以他們也樂見其成，因為如果要把腳本投在提詞機上，就必須固定安排一名助理負責該工作，但在我主持的節目中，並不需要這樣的工作人員。

說到這裡，其實很多人希望我公開背誦祕訣。不過，其實沒什麼特別的，就只是大聲朗讀好幾遍，一邊讀一邊背罷了。第一遍是先看完腳本，第二遍是一次背三、四句，在不看劇本的情況下唸出來，第三次是一次背十句，第四次則是記起一整頁，只看背得不順的部分⋯⋯大概到第五次左右，就幾乎全都背下來了，之後才能進入攝影棚。

每次在腳本完成、拿到厚厚的印刷本時，總是擔心自己背不完。但實際嘗試的時候發現，我竟可以全部記下來，對此連我自己也感到神奇，因此，我平常都會半開玩笑地對晚輩說：「當我再也背不了腳本時，就會放棄主持了。」但後來，我比自己所預想的更早離開鏡頭前──不是因為

記憶力出了問題,而是公司出了狀況;之後我轉換跑道,到 YouTube 上繼續進行談話性節目,依然沒有使用提詞機。

最近看到八十多歲的演員金惠子(按:韓國資深女演員,曾主演奉俊昊導演的《非常母親》)上了某個電視節目,這位戲齡超過 60 歲的前輩表示,自己近期最大的困擾就是背劇本,雖然想一直演到人生的最後一刻,但記憶力已經大不如前。

她說,之前練習 10 次就能背起來的內容,現在要練習 20 次、30 次,如果還背不起來就必須放棄演戲。「我說出的話就是我的演技,如果連自己要說的話都不知道,還怎麼演戲?記憶力一旦消失,就得放棄,那一刻什麼時候會來呢?我已經八十多歲,那是我最害怕的事。」她透露出她的擔憂。

金惠子是一名相當資深的演員,一個眼神、一個手勢都能展現她的演技。她說,演戲的基礎是記下自己要說的話,也就是背劇本,而她那擔心自己背不了劇本而戰戰兢兢的模樣,引起我很大的共鳴。

* * *

就像想演好戲,首先要背臺詞一樣,若想跳好芭蕾,絕對得先記下順序。問題是,不知道是不是記性不行了,連曾

經對背誦自信滿滿的我，現在只要動作組合順序稍微複雜一點，我就會不由自主地嘆氣。

「assemblé、sauté、assemblé、sauté、glissade、assemblé、changement、changement、glissade、jeté、temps leve、jeté、temps leve……」對於沒有學過芭蕾的人來說，這聽起來大概就像是外星文或某種神奇咒語，但這不是其他星球的語言，更不是魔法師的魔咒，而是平時常跳的芭蕾跳躍動作組合，我只是將想到的寫下來而已。

在芭蕾課上一一學習個別動作後，就會以這種方式串連起來，將當天學到的動作做各種組合，組起來之後就叫做enchaînement。可是，原本分開來做可以做得不錯的動作，一旦連接起來，手腳就容易打架，還會因為搞混順序，忘了接下來要做什麼，在思緒混亂的情況下，身體自然而然就亂掉了。

在上芭蕾課時，老師會先示範，學生們再跟著做，但是初學者無論多努力想記住，還是容易掉入「背誦地獄」。無可奈何之下，我只得光速轉動眼球，偷看旁邊的人。但問題是，就算是比我厲害的人也常常犯錯，所以老師總會在一旁喋喋不休：「不要動眼睛，要動腦筋！不要用眼球神經，要使用腦細胞！」講到簡直喉嚨都要啞了。

上課時，老師經常講的另一句話是：「頭腦不好就無法跳芭蕾。」因為記住順序是最基本的事情，而其他該注意的

還有非常多,比方說:動作是否有搭配上音樂的節奏。這通常是基礎班學生認為最棘手的部分,假如過於專注在動作上,往往就會和音樂搭不起來。

不僅如此,做 pull-up 的時候肩膀有沒有下沉、胸部有沒有展開、腳有沒有做到 turnout、跳 port de bras 時手肘有沒有撐著⋯⋯當身體開始隨著音樂移動的那一刻,該注意的基本項目已經多到寫不完,這應該是多工處理的「天花板」了吧?

像我這樣不擅長多工的新手,只要被指責哪裡出錯,就會為了改正而顧不了其他部分,導致原本做得好的動作變得一團糟。今天也是這樣,上課時老師一直說我手臂動作錯了,而我在修正手臂動作時,完全忽略了音樂節奏。為了完美做到一個動作,就有這麼多需要注意的部分,而且每時每刻都不能忘記,還得用身體表現出來⋯⋯容我再說一遍,芭蕾真的很困難。

本來就很難了,老師還會動不動修改動作類型和順序組合。如果今天的組合跟昨天一樣,那還能勉強跟著做,但是老師每次都會改,把學生搞到崩潰。雖然老師絕對不是故意刁難(還是真的是故意的?),但偶爾也會產生一絲埋怨的心情。

練習連結 sauté 時就是如此。sauté 是在原地的跳躍動作,通常腳的順序是「一位腳、一位腳、二位腳、二位腳、

五位腳、五位腳」，老師卻突然要我們改成「一位腳、五位腳、一位腳、五位腳、四位腳、五位腳、二位腳、五位腳」。動作本身並不難，但因為之前沒有這樣跳過，所以大家的腳都打結了，跳躍動作也亂七八糟。J老師看著我們，便說了一句：「如果每次都只跳之前跳過的，你們就無法進步。你們要停在原地到什麼時候？就算不熟練，身體也要按照順序移動，這樣實力才能提升。」

老師說的話千真萬確，難道因為自己是初學者，就指望老師一直放水嗎？於是，我的埋怨一掃而空，腦袋快速運轉，試著按照老師的順序改變腳型；在經過多次嘗試後，最終總算成功，那個當下的成就感是難以比擬的。努力的過程雖然辛苦，但果實終究如此甜美。

這麼說來，上次這麼專注地將大腦力量發揮到最大值，已經是很久以前的事了。也就是說，在我轉為進行YouTube談話性節目後，就很久沒背腳本了，也許是因為沒有繼續做原本做的事情，使得記憶力大幅下降，才會在跳芭蕾時常常陷入順序地獄中。不過，一想到現在依然第一線奮鬥的金惠子前輩，我就覺得自己沒資格說老。以後年輕人背一、兩次就能記起來的內容，即使我要背四、五次，我也會毫無怨言地去做。別說四、五次了，就算是十次，只要記得起來，我就謝天謝地了。

這段時間因為跳芭蕾，身上的肌肉增加了，讓我非常開

心，仔細想想，大腦裡應該也長了相當多的「肌肉」，因此以後無論老師排出多麼困難的順序，我都會以愉快的心情挑戰，順序越新、越陌生，越能夠刺激大腦，大腦也會變得更加健康。我已經開始期待下一堂課了。

問與答，造就不一樣的教室

class
練習

芭蕾課分為扶把練習（barre work）和中間練習（center work）。先扶著扶把練習後，再收掉扶把；接著在中心，也就是在練習室的中間練習，通常是做轉身或跳躍等動作。

🩰

　　我在過去的33年都以提問為業。時間久了，無論去哪裡、做什麼，一定會在人群中相當顯眼，上芭蕾課也是如此。畢竟，只要有不懂的部分，無論是課堂中、休息時間還是課後，我都會纏著兩位老師拚命提問。

　　「剛才示範的連續跳躍，手臂該怎麼移動？」、「轉圈時，重心要放在哪隻腳上才對？」、「手抬高時，眼睛要看哪裡？YouTube影片說不要看指尖，而是要看遠方、看手肘後面，他說的對嗎？」

　　問題一個接一個冒出，而且，我可不是只在一、兩堂課上發問而已，因此，老師大概對我這個高齡「問題」學生感到很頭痛，但我仍非常感謝老師盡力說明得簡單易懂。況且，關於芭蕾的回答不能只是嘴上說說，還得親身示範，因此以提問者的立場來說常常感到抱歉。但是性格使然，我無法忍受自己不懂裝懂、馬虎帶過，所以每天都抱著歉意勇敢

喊著：「老師，我有一個問題！」

在工作崗位上，我總是真心對待提問者。正如我自己喜愛提問一樣，被問問題時，我也非常樂意回答。我實在受不了那種叫部屬照做就對了、什麼都問不得的公司文化。

最近的年輕人很常詢問：「是這個嗎？」、「這要由我做嗎？」、「為什麼？」因此，經常聽到前輩們抱怨受不了這些提問，這種時候我都會露出苦笑。

部屬會這樣問，正是因為說明不夠充分：

「這項工作的目的是什麼？」（是這個嗎？）
「為什麼會認為這名員工能勝任該工作？」（這要由我做嗎？）
「該項工作對公司有什麼幫助？」（為什麼？）

這時，主管只要說出部屬能接受的答案就可以了，但主管卻很愛在部屬身上貼上「這個人很愛問問題，代表他這個人也很有問題！」的標籤。說實在話，這種想法我也不太能理解。我想起我初入職場時，也曾因為無法理解年紀差距大的長輩指示的工作而提出疑問，結果就被痛罵一頓。

從那時起，我就下定決心，等我成為前輩後，一定要以不同的方式工作。第一次擔任主管的機會是從報社轉到電視臺後，在新聞部負責國際新聞的部門，似乎是因為我們非常

團結，所以那時大家經常聚餐；有時會幫員工慶生，也會在完成一件大事後慰勞彼此，開心地吃喝玩樂、打打鬧鬧，度過了這樣的時光。

在這種場合，我經常和晚輩們玩一個遊戲，簡單來說，就是將「平語遊戲」（按：韓國文化重視年紀和資歷，而平語遊戲打破此慣例，所有人都要用對平輩的口吻對話）和真心話大冒險結合，一方用平語問想問的問題，對方可以選擇回答或不回答，如果不想回答，就要喝一杯酒或飲料作為懲罰；接著，回答者會成為提問者，不停互相提問和回答。

在這種遊戲中，最吃虧的就是位階最高、年紀也最大的我。剛開始，大家要對年齡差較多的我說平語，都顯得很猶豫，但在確認沒有後顧之憂後，便開始集中炮火對我問：「說真的，你有沒有想過要辭職？」、「最近你做什麼事情時，最感到幸福？」他們不分公、私事，全都毫無顧忌地問出口。

如果是其他人，可能會覺得這種遊戲很不尊重長輩。但我喜歡這個遊戲，因為我想和晚輩「對話」。儘管社會已經改變許多，但在公司裡，還是很常看到「上司一個人說話，其他人只能閉著嘴巴、乖乖地聽」的景象。因此，在我看來，這遊戲等同一場實驗，我希望至少能在我的部門改變這一點，我期待部屬能在聚餐的歡快氣氛下，輕鬆地向主管提問，久而久之，在辦公室也能毫無負擔地說出想說的話。

你可能想問,那我究竟有沒有達到預期的成果?我的回答是「差不多了」。雖然每個人各有不同,但至少應該沒有晚輩會因為怕我,而把想說的話憋在心裡;相較於其他同齡人,我帶的晚輩們也更勇於積極表達意見,例如:「部長雖然叫我這樣做,但我覺得這樣不對耶!我覺得還是那樣做比較好!」我在酒席間努力營造的「不分輩分的溝通環境」,我確實感受到了。

　然而,這不表示每次部屬說什麼,我都會照單全收。我會先詢問他們為什麼與我的想法不同,如果我覺得他們說得合理,就會欣然放棄己見,選擇遵從他們的提議;反之,如果在討論後我還是覺得自己的想法更好,我也會充分說明到對方能夠接受的程度,希望對方能理解。也有些時候,在交換想法的過程中會冒出第三種對策,這更是證明了問與答的溝通力量!

＊＊＊

　在當上部長、總監之後,我依然堅持貫徹此風格。更何況,既然已經實行,我想要更進一步讓這種沒有隔閡的溝通文化,不只停留在部門內,而能推廣出去,因此《不一樣的教室》這個節目就此誕生。在此節目出現前,所有電視臺的講座節目都是單向的,無一例外,統統是講者站在講臺高

處,滔滔不絕地教導聽眾,然後就結束了;以聽眾的立場來看,即使有想要更了解的部分、冒出不同的想法,也沒有機會詢問講者。

我想徹底翻轉這種彷彿課堂聽講、千篇一律的演講形式。我想要給觀眾一位無論被問到什麼問題、都會爽快接受的老師,以及能在不受到權威壓迫的情況下,毫無顧忌地提出任何問題的學生。就算只是透過電視畫面呈現自由溝通的授課場面,我也期許此節目能逐漸改變現實中的學校景象,而學校一旦改變,公司和社會也能逐漸改善。

事實上,當《不一樣的教室》打著「韓國第一個雙向溝通的講座節目」的旗幟登上電視時,很多人看到這陌生的情景,受到了不小的衝擊,同時也覺得新鮮。在播出初期,無論是作為老師身分出場的專家,還是扮演學生的來賓,都對於不斷問答的演講形式感到尷尬又不自在,但製作單位的目的是透過示範,讓教室、公司及社會各個角落產生有意義的變化;所幸,後來講者和來賓體會到了這點,並逐漸產生共鳴、開始適應,有時來賓會對講者提出預料之外的提問,而講者也會更專注傾聽來賓的疑問,這讓觀眾們也跟著積極參與提問攻勢,成功製作出真正的溝通型節目。

後來我曾被某家雜誌社的編輯採訪,他說自己深受《不一樣的教室》所展現的「提問的力量」所感動。那是本由二、三十歲年輕人帶著滿腔熱血製作的雜誌,他們將當月主

題定為「提問」，他便邀請我接受採訪。一見到面，他就說起看了《不一樣的教室》首播後的感想：「雖然很好看，心情卻有點複雜。」他遺憾地表示，如果自己在學生時期也曾受過那樣的教育，應該會更樂於學習。聽他這麼說，我感到無比欣慰，原來，我們製作團隊的用心似乎完整地傳達給了觀眾。

此後，其他頻道也接連製作了數個類似的講座節目，這都是因為電視圈有這種毫不避諱、明目張膽的抄襲風氣。說實話，每每看到我們深思熟慮推出的作品，被別人輕易模仿、做出類似節目時，我都非常生氣；有些節目不僅形式相同，甚至有數十集的節目是連主題、講者、內容結構等細節都抄得一模一樣。

當然，儘管這令人氣憤，至少有一點能帶給我安慰，那就是——在各個節目的推波助瀾下，觀眾開始認為在教室裡有問有答的情景是理所當然的。

作為第一個做出溝通型講座、讓提問變得有生命力的人，我想珍藏這小小的成就感。我夢想著有一天，現實中的教室、公司及社會各處，都能更大方地接受提問。

第 4 部

直到生命的最後一刻，
都持續做著夢

無論誰說什麼，
我都想盡量長長久久地跳芭蕾。
優雅又直挺挺的芭蕾學生奶奶，光用想的都覺得很棒，
不是嗎？

即使是難以搆著的夢想

sous sus
之上、之下

雙腳併攏後,抬起腳後跟,用腳尖站立,要營造出一種單腳站立的感覺。

如果聽到有一名70歲男性，這輩子頭一次挑戰芭蕾，你會有什麼想法？幾年前播出一部由網路漫畫改編的電視劇《如蝶翩翩》，就講述了70歲的學生向23歲的老師學芭蕾的故事，這有趣的設定吸引了許多人的注意。演員朴仁煥在劇中飾演70歲的學生德出，其芭蕾技巧不輸給演員宋江飾演的20歲老師采祿，令我讚嘆不已。無論他再怎麼全力練習，一名75歲左右的老演員要跳出那麼難的芭蕾動作，實在太讓人難以置信了。

　　劇中的德出在家裡難以餬口的困難情況下出生，後來當上郵差，養育妻子和3名子女，腳踏實地生活著；但當他從職場退休，迎來悠閒的晚年時，不知為何，每一天都很空虛，某天偶然看到芭蕾天才采祿跳舞的樣子，心中突然湧起先前沒感受過的渴望：「哪怕只有一次也好，我也想在最後像他那樣飛起來！」

畢竟已經70歲,起初見到他想學芭蕾,家人和采祿都相當不樂見,但是德出毫不動搖,他想要度過嶄新生活的渴望,強烈到讓他不再在意周圍的目光,和社會對年齡的傳統觀念。

為了勸退德出,采祿提出一個條件——跳sous sus,也就是如果德出能在雙腳併攏的情況下抬起腳後跟一分鐘,就答應教他跳芭蕾。雖然德出滿腔熱血地表示自己做得到,二話不說地接受了條件,但事實上,連采祿的老師都擔心地說:「這太不實際了。」因為這個動作一點也不簡單,如果下半身的肌肉力量無法支撐,腳踝就會晃動,或是因腳尖不穩而搖搖晃晃。

可想而知,德出雖然動力十足,身體卻不聽使喚,三番兩次摔倒。最終,經歷重重困難後,他憑著「一定要學芭蕾」的堅定意志,完成了采祿所出的作業;雖然德出的雙腳並沒有按照規定併攏,而是張開雙腳抬起腳後跟,但對70歲的老人而言,已是一件相當了不起的事。

你可能會問:「把腳跟抬起來站著有什麼難的?」但其實,我自己也沒有試過以sous sus姿勢撐一分鐘。雖然在課堂中經常做這個動作,但要撐得久,又是另一回事了。當我還是個新手時,才一下子就搖搖晃晃,但現在下盤有了一定的力量,可以稍微穩定地站一會兒。這也表示,sous sus這個動作,只有在肌肉鍛鍊到位的情況下才能做得正確。

第 4 部　直到生命的最後一刻，都持續做著夢

劇中，德出在開始做 sous sus 之前，也是汗流浹背地做肌力訓練。德出展現的是，如果想在人生的後半段開啟新挑戰，就要付出相對應的辛勤努力。采祿看到他如此拚命的模樣，驚訝地問他，究竟為什麼這麼想跳芭蕾；這時德出才小心翼翼地道出自己長久以來的夢想：「雖然我知道不會實現，但我還是想站上舞臺跳一次《天鵝湖》（Swan Lake）。」

　　我雖然比德出更年輕，但年紀仍不小，所以在開始跳芭蕾時，也經常被問到同樣的問題：「你為什麼偏偏想跳芭蕾？難道是想站上舞臺表演嗎？」當然，假如哪天迎來了表演的機會，我也絕對不會拒絕。

　　在我開始學芭蕾不久，教室舉行了創立 21 週年的紀念表演。雖然站在舞臺上的學員不像專業舞者那麼熟練，但個個都非常帥氣，我似乎能清楚看到他們每一個動作背後流下的汗水與眼淚。在觀賞表演時，我不禁懷疑自己能否做得像他們一樣好，同時也產生「總有一天一定要站上舞臺」的渴望。雖然芭蕾教室還沒有決定下次的表演時間，但無論何時開始甄選，我都想在那時擁有足以通過的堅強實力。

　　不過，就算我抱著滿腔熱血、動力十足，也會為自己的腳踝和膝關節感到擔憂，因此剛開始在跳躍時，心中非常不安，甚至一度表現出消極的態度；聽說，就連受過專門訓練的舞者也經常掛彩，像我這樣的中年人就更不用說了，關節

受傷的風險肯定更高。在經過深思熟慮後，我從幾個月前開始做強化膝蓋和腳踝肌肉的運動，現在逐漸出現了效果，這讓我能比以前更有自信地進行大大小小的跳躍，老師們也稱讚我的跳躍改善許多。沒錯，這就對了！與其提早放棄，不如在真正做不到之前，多少先做點嘗試。

在55歲首次踏進芭蕾世界後，我很好奇同齡人中究竟有多少人在學芭蕾。我試想了一下，覺得應該不會太多，儘管韓國社會正在迅速邁向高齡化，但事實上，大眾尚未準備好以開放的心態接納那麼多高齡者。拿我們公司來說，在女性正職員工中，我的年齡和年資都是最高的，這表示50歲以上的員工依舊是少數；雖然有人提議，退休年齡應隨著平均壽命的延長，而延到60歲以後，但男性和女性在職場上的實際退休年齡，平均是51.1歲和47.8歲（2023年5月統計廳的調查資料），也就是說，在職場上，年紀大並不是什麼值得驕傲的事情。

因此，為了不要帶給別人壓力，我一開始進入芭蕾教室時並沒有刻意透露年齡，儘管我和年輕人們相處得還不錯，但我擔心他們假如知道了我的年紀，就可能把我當作老人看待，所以總是非常小心。

直到有一天聽到了驚人的消息——原來在芭蕾教室也有60歲的學員！聽說他在21週年的紀念表演時登上了舞臺，還在準備表演的過程中一併慶祝了60歲生日。天啊！這裡

和公司不一樣，原來我不是年紀最大的人。

於是我順便問老師，芭蕾教室有沒有50歲的學員。老師說，除了我之外，還有好幾位，我之所以沒有注意到是因為他們和我不一樣，我上的是基礎班，他們上的是進階班。原來，也有很多五、六十歲的人在學芭蕾！而且他們已經從基礎班畢業，持續向進階班邁進……從那天起，我的心中產生了很大的希望：「原來年紀大了還是可以繼續跳芭蕾。只要努力，實力就可以比現在更好。」

我的心情放鬆之後，便自然地向同學透露我的年齡。看來之前擔心會被孤立，只不過是杞人憂天，大家都異口同聲地說：「太厲害了！我也希望到你這個年紀時，還能繼續跳芭蕾。」並為我加油。

說實話，在這個人瑞已不稀奇的百歲人類時代（Homo Hundred），五、六十歲應該還算是正值壯年期吧？「Sixty is the new forty」（60是新的40）這句話越來越普遍，由此可見，最近60歲人擁有相當於過去40歲人的健康和活力。這麼說起來，還不到60歲的我，說自己相當於以前的30歲也不為過；而且，很多時候連我都不敢相信自己已經55歲了，也許是因為過了40歲以後，我就沒有刻意在記年紀的關係，總覺得體感上年齡還停留在40出頭。或許，我的心智年齡就停在那裡了。

雖然聽起來像是在炫耀，但我奶奶活到101歲，而且是

在身心健康的狀況下安詳離世。如果我遺傳了這位長輩的優秀基因，那很有可能會迎來百歲人生，既然如此，現在等於只活了一半，我不想現在就因為自己的年紀而退縮。

*　*　*

在《如蝶翩翩》中，德出表明自己要學芭蕾後，遭到妻子強烈的反對和一頓痛罵：「你瘋了嗎？」、「識相地當個老人就好了啊！」幸好沒有人罵我是不是瘋了，但還是有很多人擔心萬一受傷該怎麼辦，勸我不要做一些以前沒做過的事情，應該要小心一點。可是，如果只是老老實實地待著，身體只會變得更脆弱，而且一味地擔心受怕的心態，一定會讓肌力輕易流失，所以不妨趁還來得及，嘗試點瘋狂的行為吧！要不要試試看呢？讓中年以後的生活變得更加豐富和幸福的，不就是無畏的態度嗎？

為了讓人生的第二幕充滿活力，當然要提前理財、維持身體健康，但真正需要的是對於新挑戰抱持開放的心態，過去忙著賺錢養家或被工作限制而連想都不敢想的事情、真的很想趁早做的事情，現在就是絕佳機會。

當我老了，我要穿紫色的衣服／再戴上一頂不適合我的紅帽子／⋯⋯彌補年輕時過於端莊的歲月／我要穿著拖鞋在

雨中漫步／摘下別人花園裡的花／還要學著隨地吐痰……

　　這是英國人喜愛的詩人珍妮・約瑟夫（Jenny Joseph）的〈警告〉（Warning）中的詩句。我在美國進修一年的期間，曾在社區遇到一群穿著紫色衣服、頭戴紅色帽子的銀髮女性。聽說她們是「紅帽協會」（The Red Hat Society）的成員，而這團體的成立契機正是這首詩。原本只有50歲以上的人才能加入，但現在沒有年齡限制，只要具備能不顧別人視線、享受人生的開放心態就可以了。

- 推廣對於樂趣、友誼、健康的熱情。
- 自由地以正向的方式表達自己。
- 致力於實現一生的夢想。

　　這是該協會網站上介紹的行動綱要。雖然我不是「紅帽協會」的正式會員，但我也想以這樣的心態生活。剛好我的衣櫃裡有紫色的衣服和紅色的帽子，我想在打算表明自己的心態時穿這套出去，證明我絕對不會因為有點年紀，就按照別人的規矩生活。

　　以芭蕾這檔事來說也一樣，無論誰說什麼，我都決意要盡可能長久地跳下去。即使超過60歲、70歲，就算到了80歲、90歲，我也想要一直享受芭蕾。優雅又直挺挺的芭

蕾奶奶學生,光用想的都覺得很棒,不是嗎?當然,說不定到時候就必須放棄像現在這樣和年輕人一起學習的快樂。那麼,只要纏著老師開一個銀髮族芭蕾班,然後再加入就可以了!我決定在那之前要不斷努力,讓我的芭蕾實力達到我所能及的最大值。人生不到最後一刻,永遠不算結束。

叫你跳芭蕾，
你為什麼跳倫巴？

balancé
搖擺舞步

身體重心隨著華爾滋音樂在不同腳上來回移動的舞步。

芭蕾是一門舞蹈⋯⋯等等，我不是在說廢話。我想說的是，最近許多地方開始以運動而非舞蹈的角度教芭蕾，如芭蕾有氧、芭蕾皮拉提斯等。當然，我自己也覺得在初期學到的動作，與其說是舞蹈，不如說是高難度的身體鍛鍊，因為腳踝、膝蓋、背部、腹部等全身肌肉都要先練好才能把芭蕾跳得好，所以需要進行許多訓練。

第一個讓我覺得芭蕾真的是舞蹈的動作是 balancé，這個舞步要隨著華爾滋三拍子的節奏，將重心從一隻腳移動到另一隻腳上。

華爾滋音樂本來就很歡快，跟著音樂跳時也會興致高昂，因此跟其他動作相比，我更努力地跳著 balancé。然而，原本在示範的 J 老師突然停下音樂盯著我看，說道：「哎喲，誰叫你那樣轉骨盆的？你不是在跳 balancé，是在跳倫巴！」

先前我就已經因為手勢和腳形滑稽，多次被指出我跳的不是芭蕾，而是其他類型的舞蹈，但這次老師竟然說我在跳我根本沒學過的倫巴，不禁瞪大眼睛。老師叫我再跳一次，我明明是根據老師的動作做，但骨盆依然朝著身體的反方向轉動，真是丟臉丟到家了，根本抬不起頭。

回到家後，我在鏡子前一個人練習，還是持續出現同樣的失誤，連我自己也不知道為什麼會這樣。正當我因為身體不聽話而難過時，腦海中突然浮現一個模糊的記憶，我想起在開始學芭蕾之前，我曾在住家附近的健身俱樂部學了兩年左右的倫巴，後來在新冠病毒爆發初期，因某間倫巴教室出現群聚感染的狀況，導致我所上的課程也被迫中斷；後來我還一度因為無法繼續跳舞而陷入憂鬱，剛好那時我在YouTube上發現了自己喜歡的頻道，藉由所謂的「居家倫巴」（home zumba）度過了漫長的防疫期間。

真糟糕，在倫巴舞中有許多扭腰的動作，原來我體內的倫巴細胞就來自那裡，雖然我為了專注於學芭蕾而中斷跳了好幾年的倫巴，但看來身體並沒有忘記我重複了無數次的動作，仍記得相當清楚。

＊＊＊

前面我說自己在學芭蕾、還跳過倫巴，你可能會誤以為

我有了不得的舞蹈天賦，但實際上，我在跳舞方面有許多難堪的過去。不久前，我在與公司晚輩的聚會上聊起芭蕾，卻被喚醒了一段遙遠的丟臉回憶：晚輩P很久以前就和我在同個部門工作，當時也會一起去KTV等地方，沒想到，得知我在學芭蕾後，P居然在聚會上直言不諱地說：「但前輩舞跳得很差耶！」

根據他的說法，以前我只要聽到輕快的歌曲，就會從座位上站起來用力甩動四肢，但那與其說是舞蹈，反倒更像體操。我掩飾漲紅的臉，反駁道：「舞跳得好不好有那麼重要嗎？只要我喜歡就行了。還有，我什麼時候說過我芭蕾跳得很好？我是因為喜歡才跳的！」

他說得沒錯。我不太會跳舞，但好像真的很喜歡跳舞，不僅在KTV，在生活中只要聽到某處傳來歡樂的音樂，身體就會不由自主地擺動，還會搖頭晃腦；在開車時也一樣，如果收音機裡播出輕快的歌曲，我就會提高嗓門跟著唱，抬起肩膀一起律動。

難怪33年前在面試時，我會大膽地在興趣欄填入「喝酒跳舞」，當時涉世未深，想到什麼就寫什麼。況且，當時的風氣相當古板，大部分人面對這樣的提問，都是回答「閱讀」或「看電影」。

結果在面試過程中，面試官分成了兩派，一派叫我即興唱首歌來聽，另一派則認為在神聖的面試場合不能那樣做，

甚至引發了輕微的口角。面對這意想不到的情況，最後是由一位看起來像高官的人宣布：「等你進入公司後，聚會時再聽你唱。」這才結束了這場面試，那句話聽起來就像是已經宣布我通過了。後來真的如他所說，我成功被錄取。

在1990年代，「吃完晚餐後去KTV續攤」的聚餐文化相當盛行，所以我常和興致高昂的同事們一起在舞臺上扭動身體，那是段非常愉快的回憶，現在回想起來，臉上總會浮現笑容。

我從小就對唱歌跳舞情有獨鍾，這多虧父母在我讀小學前就經常帶我看各種表演，所以我很早就接觸到了《萬世巨星》和《紅男綠女》等韓國音樂劇歷史上非常早期的作品，也了解到音樂劇演員這個相當具有魅力的職業。因此，我從小就對在舞臺上唱歌跳舞的演員懷抱著無限的憧憬，難怪在國一前，每學期初調查未來夢想時，我都大膽地寫下音樂劇演員。

後來，我終於領悟到喜歡和擅長是兩回事。在校慶活動上，當我看到準備往聲樂和舞蹈方面深造的同學有多優秀時，便認清了現實：「唉，憑我的唱歌和跳舞實力，根本是不可能的啊！」那一刻，我噙著淚水決心做個用功的平凡學生，不再把唱歌跳舞當作職業，只當成一個純粹的愛好珍藏在心裡，努力以精神勝利法說服自己「這樣子更幸福」。

不過，我心中還是存有一絲無法抹去的遺憾，而當時唯

一能安撫我空虛內心的，是校內詩班活動和每週一小時的舞蹈課。

因為我讀的國中是教會學校，每週都會進行禮拜，我便在禮拜中參與詩班。我始終無法放棄想唱歌的渴望，就持續參加詩班到要準備聯考（現在已廢除的高中入學考試）的國三下學期為止，當時無論老師們再怎麼說服我，說練習唱歌會占用讀書時間，我依然堅持參加。這麼看來，我真的很愛唱歌！

另外，在所有科目中，我最喜歡的是舞蹈課。舞蹈課讓當時因讀書而身心俱疲的我有了喘口氣的時間，但讓我深感惋惜的是，舞蹈課一週只有一小時。通常舞蹈老師上課時會播音樂，讓我們想跳什麼就跳什麼，我記得當時我和朋友們一起聽著古典音樂，模仿不知道在哪看過的芭蕾舞，儘管沒有正式學過，只是用腳尖踏著小碎步、手臂揮來揮去，心裡卻非常幸福，彷彿自己成了舞臺上的芭蕾女伶。我對芭蕾的喜愛似乎就是在那時萌芽，因為當老師說什麼舞都可以跳的時候，我第一個嘗試模仿的就是芭蕾。

無論是十幾歲的少女時期，還是已經邁入中年的現在，芭蕾對我來說都是非常美麗的舞蹈，這點一直沒有改變。芭蕾的動作、音樂、服裝、表演，沒有一個不美麗。儘管芭蕾的美相當不自然、一般人難以觸及，但這點反倒更吸引我。芭蕾那難以觸及的光環帶來的神祕感，不正是讓芭蕾在眾多

舞蹈中脫穎而出的獨特魅力嗎？

我曾觀賞過法國馬賽國立芭蕾舞團（Ballet National de Marseille）在世宗文化會館的演出，看著那些舞者自由自在地舞動身體，我第一次覺得人體比任何藝術作品都還要美麗，之後也無法忘記這種魅力，即使生活忙碌，也會抽空觀賞芭蕾表演。說實話，若要經常看表演，票價是一筆不小的開銷，但對於那些不看肯定會後悔的表演，我還是決定先咬牙買下去，之後再努力省錢。

出生於韓國的世界級芭蕾男舞者金基珉，2018年與俄羅斯馬林斯基歌劇院（Mariinsky Theatre）芭蕾舞團的同事，一起來韓國表演《唐吉訶德》時就是如此，我為了近距離看他的表演，就買了最貴的票，才得以親眼目睹他那如在空中飛行般的跳躍。不愧是金基珉！他的表演真的太令人感動了！

光是欣賞芭蕾就令我樂此不疲，現在竟然能親自跳芭蕾，讓我的心情就像飄在雲朵上一般神奇。儘管還是常常因為身體不聽使喚而難過，但那股幸福感實在難以匹敵。

聽說，在非常熱愛芭蕾的粉絲中，有人嘗試學芭蕾、但一下子就放棄了，因為跟一直以來看到的專業舞者相比，自己的動作實在太難以見人，所以無法忍受。我充分理解這種心情，不過，我們只是作為一種興趣在學習，當然不可能像職業舞者那樣完美純熟。雖然我的四肢動作依舊令我失望，

但我至少鼓起勇氣踏入了嚮往已久的芭蕾世界，這已經讓我每天都能感受到微小的幸福。

我是因為喜歡才開始跳芭蕾的，所以我試圖把目標放在比昨天的自己跳得更好，而不是比別人跳得更好，希望能以愉快的心情，盡可能長久地跳下去。

一度讓我絕望的 balancé，也在我不斷練習後逐漸進步，當我掌握問題的原因後，就不再犯下這種滑稽的錯誤。最近已經突破機器人般僵硬的舞步，比較像是在跳舞了，而且我現在更懂得搭配節奏，手腳的舞動也比以前更優雅了。

之前哭笑不得地說我不是在跳芭蕾，而是在跳倫巴的 J 老師，不久前竟然稱讚我：「你現在跳的 balancé 感覺很不錯。」因此，我今天也能開心地哼著華爾滋三拍子的音樂旋律，懷抱著能在課堂上跳 balancé 的期待感，踏上前往教室的步伐。

人生中真正的好老師們

pas de bourrée
連接而細碎的舞步

像針線一樣用腳尖走小碎步的舞步。

俗話說，3歲養成的習慣會持續到80歲。有件事無論過去還是現在都沒有太大的改變，就是我只要遇到喜歡的老師，就會變得非常用功。國中時，我不太喜歡需要大量記憶的韓國史，但是，到了國二，換了一位氣質極佳又帥氣的韓國史老師，為了在他面前好好表現，我幾乎把韓國史課本背得滾瓜爛熟，甚至所有考試都拿到滿分。

讀高中時也有類似的狀況，我的法文老師長得像是外國娃娃一樣，給人的感覺溫柔婉約，我第一眼就喜歡上她了，因此拚命練習非常困難的動詞變化，以及得像咳痰那樣發音的「r」音。

後來我被選為學校代表，參加全國高中生法文競賽，甚至還得了獎。得獎本身是很開心沒錯，但是能和作為帶隊老師陪同的法文老師共度一整天，至今仍是最幸福的回憶。

我不僅在學校遇到了人生中的好老師，進入職場後，公

司裡諸多帥氣前輩也成為我的老師。由於我比一般人更早開始工作，自然欠缺各方面所需的能力，然而，這些前輩們不僅指導我做事的方法，也不吝於分享生活中的智慧。

在我擔任報社記者、差不多35歲時，一度因為同期中只有我沒升遷而意志消沉，當時是我跑新聞十幾年後第一次迎來的升遷機會，沒能升職的失落感實在非常大。已故的K部長把那時垂頭喪氣的我叫過去，並說：「世界上所有的事情都有兩面，沒有什麼事情一定是好或不好的，雖然現在你因為沒能升遷而難過，但肯定會有某部分因此而變好，等等看吧！」

儘管部長的安慰中透露出他豐富的經驗，但當時的我仍不懂事，聽了他的話之後毫不掩飾地露出不可置信的表情。部長為了讓我聽懂，更仔細地說明下去：「老實說，你給人一種難親近的印象，我在認識你之前，也很難輕易開口對你說話。不過，正因如此，那些覺得你很有距離感的人，說不定在看到這次人事結果後，會主動向你伸出援手，他們可能會心想：『原本以為她和我完全是不同世界的人，在公司肯定到處都吃得開，但這次她沒獲得升遷，看來她不是那樣的人！以後也許有機會和她變熟！』」

原本我覺得那是不可能的，但沒想到，過不久部長的話就成真了。之前跟我不太熟的前輩們，突然爭先恐後地邀我吃飯、喝酒，這讓本來只有幾個好朋友的我，得以在公司大

幅擴展交友圈。由於開始和原本不太認識的同事一一交流，讓我在之後的職涯得到了各式各樣的幫助。

神奇的是，當時初次向我伸出援手的人，都說出和K部長一模一樣的話：「欸，我原本以為你是個難搞的首爾人，很難親近，而且你身邊好像也有很多跟你很要好的人，所以就覺得沒必要對你好。但是這次升遷時，發現唯獨只有你被遺漏了，不禁有點心疼，希望多少能幫你一點忙。」

果然，一定要把經驗豐富的前輩的話聽進去。雖然剛開始無法理解，但經過一段時間後，就會發現其中蘊含著對人和世界的深刻領悟，之後每次遇到類似的事情，我總會想起K部長對我說過的話：「壞事也有好的一面，所以沒必要太失望或氣餒。只要平靜地等待，屬於你的時機自然會來。」

如今歲月流逝，我也成了前輩，照樣把這個教誨傳授給晚輩，告訴他們我以前遇到不好的事情時，曾有一個前輩跟我說過這樣的話。現在想想，那句話真的是對的。

我非常喜歡的電影《高年級實習生》（*The Intern*，2015年）也傳達了類似的訊息。七十多歲已退休的高級主管班（Ben，勞勃・狄尼洛〔Robert De Niro〕飾）以老年實習生的身分進入新創公司，遇見了三十多歲的執行長茱兒（Jules，安・海瑟薇〔Anne Hathaway〕飾）。茱兒雖然充滿熱情，但還是有很多地方不太成熟，而班根據他的豐富經驗為茱兒提供了許多建議；剛開始茱兒不情願接受，可是一

段時間過後，茱兒終於信任了班，並遵照他的建議去做。做為白手起家的創業者，茱兒習慣獨自克服一切，但其實，她同時也需要經歷過人生風浪、充滿智慧的老師的教導。

事實上，我們身邊經常能遇見像班這樣足以成為好老師的人，但重點是，我們是否抱持著積極接受教誨的心態？如果茱兒始終對班漠不關心，那麼無論是在人格還是事業上，都可能錯過進一步成長、發展的機會。

有許多前輩就像班一樣，成為我的好老師，當他們得知我在工作了33年後，將要離開職場時，都毫不遲疑地聯繫我。之前在同一個單位工作時，他們就在各方面助我一臂之力，現在有些人已經回到遙遠的故鄉種田，也有人上了年紀後身體狀況欠佳，但他們都為了見我一面，心甘情願地邁出艱難的步伐；而且他們也樂於分享那些退休後明白的事情，提醒我該注意什麼、該在什麼部分多花心思。明明我已經不年輕了，他們卻像是照顧在水邊玩耍的孩子那般再三叮嚀。

我還是一名菜鳥記者時，J前輩是當時的部長。他在來找我之前，簡直就像在寫報導一樣，把要叮囑我的內容整理得一目瞭然：「第一點……然後第二點……。」我感動得心頭一熱，很想問他為了教我，到底做了多少準備。過去一起在公司打拚時，他也總是努力彌補我的缺失，現在連退休後的生活都來替我操心，能遇見這麼好的前輩、老師，真不知我多有福氣。聽了大家給出的真摯建議後，我產生了信心，

只要按照他們說的去做，以後應該也能好好過生活，這將是我回報他們恩情的方式。

＊＊＊

退休後，我選擇好好過生活的方法之一就是學芭蕾。我想證明即使在我這個年紀，也能在陌生的領域挑戰新事物，雖然所有人都覺得這個挑戰並不容易，但我之所以能在將近一年的時間，帶著最初的熱情持續朝芭蕾邁進，其中最重要的原因之一，就是遇到了幾位帥氣的老師。

現在我在芭蕾教室向兩位老師學習，每週有一堂課是男老師教，兩到三堂課是女老師（就是前面提到的 J 老師）。兩位老師都對教學充滿熱忱，指導每個學生時相當用心，比如，我每次跳躍時都無法確實表現出從地上跳高的感覺，男老師為了教導正確的動作，不知道把我舉到空中多少次，每當老師要撐起我那不輕的體重，我一方面擔心老師的手臂撐不住，一方面又感到非常抱歉。

J 老師也一樣，雖然她的體格比我小很多，卻也曾在課堂上把我抬起來。當時正是學習跳躍動作的時候，在被她抬起來時，我的心理壓力比被男老師抬起時更大；所以我努力吸氣，試圖輕盈地跳起來，可是就在我注意呼吸時，屁股不自覺地往後掉，不幸撞上老師的臉，但老師依然沒有鬆手，

還是繼續支撐著我。

　　我在芭蕾課上遇到第一個難關tombé pas de bourrée（落下＋細碎舞步）時，也被J老師的熱忱深深打動。那時，我怎麼樣都抓不到感覺，後來問了同學、找了YouTube來看，才勉強做出腳部動作；然而，搭配腳步的手臂動作還是做得差強人意。就算在課堂上一直被指責，我還是不知道該怎麼改，感到相當迷惘，老師應該也很鬱悶。

　　結果，她思考並研究了好幾天後，告訴我她終於找到了解決方法，而且是專屬於我的方式，她說：「向前伸的腳貼在站立腳的腳踝時，手要先做出en avant，之後這個姿勢要伸得比腳更前面。」之前我都是腳先伸出去，手臂才跟著出去；不過，當我按照老師的建議調整後，問題一下子就解決了！老師看到我如釋重負、歡欣雀躍的樣子時，她那替我開心的模樣，我至今還記得。

　　我想要報答這麼認真教導我的老師，所以沒上課的日子也會自己複習，一天也不漏；不僅如此，我還會仔細記錄課堂上學到的動作要點，並把當天做錯的部分寫在筆記本上，就像學生時代寫訂正本一樣，然後反覆做各個動作好幾次。

　　當然，不可能發生一練習就馬上改正的奇蹟，但我仍不放棄、持續複習，結果發生了令人難以置信的事：我竟然做到了幾個月來都做不了的動作，連經常被指責的部分也開始被稱讚！雖然跳躍還有待加強，但最近老師們已經不用再吃

力地把我抬起來了。

幸虧遇到了這幾位優秀的老師，讓我能每天都盡全力投入芭蕾練習中。而且，老師在第一堂課提到：「要做plié，才能跳得高並安全落地。」然後仔細說明其意義時，讓我得到了寫書的靈感，那句話讓我得以回顧過往拚命三郎般的生活，也讓我迫切地想把這一切記錄下來。他們不僅教了我芭蕾，還讓我準備進入人生的第二幕，這一切都帶給我很重大的意義。啊～老師的恩情真是道也道不盡！（按：改編自韓國教師節對教師唱的歌曲。）

永遠的偶像──
奧黛麗・赫本

relevé
上升

彎曲膝蓋後,在推地的同時用腳尖站立的動作,該詞源自動詞 relever,意思是「站起來、抬高」。

我的手機背景數十年如一日,即使每幾年換一次新手機,我也一定會再次找到同樣的照片作為背景畫面,而畫面中的主角是——在不同時代都備受推崇的演員奧黛麗・赫本（Audrey Hepburn）。之所以將她放在每天都會看無數次的手機上,原因很簡單,因為我覺得她是世上最美的人。

　　第一次知道赫本,應該是十幾歲的青少年時期。當時我偶然在電視上看到電影《第凡內早餐》（*Breakfast at Tiffany's*,1961年）,她那濃密的眉毛、深邃的眼睛、纖細的四肢和小巧的臉蛋彷彿精靈;而她那一身黑色迷你連身裙、珍珠項鍊和大墨鏡,搭配起來毫不違和,令人印象深刻,後來這身裝扮被稱為「赫本風」。此外,最吸引我目光的是她優雅無比的動作!無論是她的舉手投足,還是用手指夾著一枝長菸斗站著的模樣,全都極具魅力。

　　直到我看到一本2004年出版的書,才明白了赫本深深

吸引我的獨特魅力從何而來。那祕訣不是別的，正是芭蕾。據說她從讀寄宿學校時開始學芭蕾，由於舞蹈才華出眾，所以在當演員之前就是一名芭蕾女伶，也才會在電影《甜姐兒》（*Funny Face*，1957年）中出現她身穿緊身的黑色毛衣和黑褲、搭配白襪和莫卡辛鞋，在酒吧裡神采奕奕地跳舞的場面；為了表演這一幕，赫本再次向舞者學習芭蕾，並彩排了無數次。

此外，她在《雙姝艷》（*Secret People*，1952年）中飾演年幼舞者諾拉（Nora）時，以及《戰爭與和平》（*War and Peace*，1956年）中令人印象深刻舞會場景，都能一窺她的舞蹈實力，在其他作品中也是如此。

那時我讀的書是《奧黛麗‧赫本的芭蕾伸展運動》，作者宇田渚曾是日本芭蕾女伶，後來擔任演員與講師。她在書中提出令人耳目一新的主張：「只要透過芭蕾學會優雅美麗的動作，再搭配適當的禮儀，任何人都可以變得像赫本一樣。」書中還提到日常生活中可以實踐的各個動作，對於仰慕赫本的我來說，實在沒有理由不嘗試，只要按照書上教的去做，就會跟我的偶像一樣，簡直是賺到了！

因此，在能夠抽空做的動作中，有幾個動作現在都成為我的習慣，比如穿著裙子上、下車時的姿勢：準備上車時，屁股先坐進去，然後雙腿併攏，將身體轉向側邊，這樣就整個人坐進車中了；下車時，則要先轉動身體，雙腿著地後再

抬起臀部,這樣看起來才會像淑女一樣優雅。剛開始照做時覺得非常尷尬、不自在,但做久就慢慢習慣了,尤其當我穿著又短又貼身的裙子時,這個動作可以避免裙子往上捲的尷尬場面。

另外,為了塑造有魅力的腿型,有個動作不能漏掉——就是在等電梯的空檔不要發呆,而是將雙腳的腳尖向外打開呈一直線,然後抬起腳後跟、直挺挺地站著。穿高跟鞋時很難做這個動作,而且如果旁邊有人的話,可能會有點尷尬。不過,書上說這樣可以讓我變得像赫本,所以這種程度的尷尬還可以忍耐,因此一有機會我就會偷偷抬起腳後跟;雖然那時對這個動作感到詫異,不知道和芭蕾有什麼關係,但開始學芭蕾後才知道,我在電梯前總是抬起腳後跟站著的動作,其實就是relevé。

當我提到我在學芭蕾時,最常被問到的問題之一就是:「那你能只用腳尖站著嗎?」可見relevé是人們想到芭蕾就會聯想到的代表性動作,也就是說,雖然是誤打誤撞,但我從很早以前就在練習芭蕾了。然而,和其他動作一樣,要把relevé做到位絕對不容易,光是腳的部分就很難了,要注意不能將重心放在拇趾或小趾,而是平均分布在五根腳趾頭上,然後還要在這個狀態下將腳背向外推、踮起腳,第一次做的人肯定會全身抖個不停,所以這種時候,臀部和大腿連接處的肌肉得出力才能站得更穩。

跳relevé時，只用腳尖站著肯定會很累，所以有時我們會耍點小聰明，偷偷讓前腳掌著地，改用前腳掌站立，這時假如被老師發現，肯定會被嚴厲警告：「如果用到腳掌，就會過度使用小腿肌肉，這樣大腿也會變粗。難道你們想要看到粗壯的小腿嗎？」一聽到這個警告，大家都猛地搖頭，然後使出吃奶的力量重新用腳尖站立。

　　以前曾聽說，跳芭蕾的缺點之一是小腿會變粗，但現在看來，那其實是沒有正確跳relevé的人散播的謠言。總而言之，我從開始跳芭蕾到現在，小腿都沒有變粗，多虧了老師的提醒，讓我不敢鬆懈，總是確實地以腳尖站立。

　　當年我抱持著想成為赫本的渴望，在電梯以腳尖站立，在過了足足20年後，我報名了芭蕾教室，正式學習relevé，真是令我激動不已。當然，只要我還沒重新投胎，都不可能擁有她那迷人的雙眼、比例勻稱又姣好的身材，但我依然無法放棄那一絲希望：只要堅持練習芭蕾，就能讓我更相似於赫本那無比優雅的姿態。

　　說實話，有時上完超過90分鐘的芭蕾課後已經喘不過氣，大腿和小腿痠痛到快要炸開。儘管如此，在我的努力之下，鏡子中的自己逐漸改變，看到這樣的自己，就更想要努力實現長久以來的夢想。

✴ ✴ ✴

第 4 部　直到生命的最後一刻，都持續做著夢

事實上，我非常想成為赫本，不單單是因為她有以芭蕾練就的外表。赫本的內心比外表更美麗，她的前半輩子從芭蕾女伶轉換成演員，在退出螢光幕的後半輩子，則是作為聯合國兒童基金會親善大使，傾注熱情幫助世界各地受苦的兒童，她走入非洲、亞洲、南美洲等地的貧困村莊，到各個角落提供必要的協助。在1992年——她逝世的前一年，即使還在與癌症搏鬥，她依然前往索馬利亞偏遠地區進行志工服務，這件事深深觸動了許多人。隔年，她終究沒能戰勝病魔，在63歲去世。

　　赫本生前曾說：「我最常被問到的問題是：『你究竟在聯合國兒童基金會做什麼？』為了完全理解世上的孩子們遭遇的問題，成為教育、經濟、政治、宗教、傳統和文化的專家，或許是個不錯的選擇，但我不是任何領域的專家，我只是一位母親。」那些帶著對演員這個職業的偏見、對她的行為說三道四的人們，聽到這句話該有多難堪？

　　有一說是她小時候在納粹統治下，和外婆等家人一起生活，那時嚴重缺乏糧食的經歷讓她後來投身於促進兒童人權的運動，因為自己也曾是戰爭下的難民，無法不顧處於同樣環境的兒童們。

　　她被下葬於瑞士洛桑市附近的墓地，下葬當天，曾任聯合國難民事務高級專員的阿迦汗（Aga Khan）朗讀了一段哀悼詞，清楚展現了赫本的真誠：「她跟那些只是坐在桌子

前高談闊論的外交官不同，她試圖採取具體行動。有多少人能說自己取得了比她更高的成就？……她得在危險的地方做危險的鬥爭，她總是做好準備，心甘情願付出自己一切。」

雖然我不敢拿自己跟赫本比，但我也從很久以前就開始關注如何協助弱勢兒童。某次偶然得知以前就讀同個國小的同學沒有父母、住在孤兒院，我便存錢買禮物給他；每年聖誕節也會去學校附近的孤兒院陪伴那裡的孩子。在我開始工作、有收入後，便定期捐錢給幫助韓國弱勢兒童和第三世界兒童的團體。

有一次，一位朋友知道我會這麼做後，質疑道：「幫助我國的弱勢兒童都不夠了，為何還要去關心國外的小孩？」當時我的回答大致是，地球實際上是一個整體，如果身在非洲撒哈拉以南偏遠村莊的孩子不幸福，那我在首爾的女兒也會感到不幸。就算是用這種自私的方式思考，我也不得不幫助艱困國家中的兒童。光是看到態勢逐漸升級的恐怖攻擊、氣候變化、傳染病，就知道我幫助他們的原因了。

雖然不知道對方是否被我的邏輯說服了，但總之，我捐款時確實有著這種自私的原因。再加上，每個月從我的薪資裡拿出幾萬韓元，就能幫助一名非洲少女上學、完成她想要當個好老師的夢想，光想到這點就讓我興奮不已。在10年、20年間，這個振奮人心的喜悅，甚至讓我忘記上班的煩惱，成為我持續捐助許多孩子的原動力。真要說有什麼遺

憾的話,那就是我變成職業婦女後,必須一邊上班、一邊照顧孩子,還得打理家裡,忙得焦頭爛額,所以後來匯的錢也就不多了。

因此,在我心底深處一直有個願望,等過一段時間,女兒長大獨立,我也不再被公司束縛時,想要傾注時間和精力回饋社會。

隨著能夠達成多年心願的時間逐漸靠近,心裡開始有些紛亂,雖然還沒有擬定具體的計畫,但不論我什麼時候選擇要做什麼,我都想堅守從赫本那裡學到的原則,也就是坐而言不如起而行,要到第一線提供對方真正需要的幫助。

現在,在我寫這段文字的書房裡,書架上有個空間放了許多赫本的照片,其中有一張是她老年的模樣,與她年輕貌美的時期形成鮮明對比。從那張布滿皺紋、仁慈地微笑著的樣子中,可以感受到她為弱勢孩子奉獻的善良光環。每每看到那張照片,我都會在心裡對她說:「我也想跟你一樣,成為內在比外表更美麗的人,因此就像每天練習芭蕾那般,我也會為了實現另一個夢想『志工服務』,一步步地達成階段性目標。」就當作是追隨我永遠的偶像的步伐吧!

希望背影更美

épaulé
肩膀

站在觀眾斜前方,手臂向前伸,腿則向後伸,向觀眾展示肩膀、背部與後頸線條。

不久前,即將結婚的晚輩K拿著喜帖來找我,但是作為即將披上婚紗的準新娘,她的表情過於灰暗,連眼睛也有點腫。當我問起「準備婚禮很辛苦嗎」,K立刻連珠炮似地吐露累積在胸中的苦惱,她說就要結婚了,卻因為與男朋友起衝突而焦急萬分,即將成為丈夫的男友好似成了另一個人,甚至讓她對繼續籌備婚禮感到懷疑。

　　聽到這裡,我明白K正在經歷「婚前幻滅」的時期。之前我也幫其他晚輩做過類似的諮商,所以一聽就大概知道發生了什麼事。

　　因此,我先跟她說,戀愛和結婚完全不同,幾乎沒有一個男人在結婚後會和戀愛時期一模一樣,不僅K的男友如此,男生可能會因為婚禮迫在眉睫而提早進入婚後模式,相較於戀愛時的幸福甜蜜,更會展現出務實又冷靜的態度。

　　「咦?前輩怎麼知道?真的!他突然變得非常務實、冷

靜，我還以為他對我的愛淡了，讓我很難過。」聽到 K 的訴苦，我知道我猜得沒錯，繼續說道：「也許你現在看到的他，會是以後他在整段婚姻中的『預設值』，所以你要好好想想，先前他讓你決定要結婚的那些優點能否抵銷這個態度。如果你認為他的優點更多，那你現在該做的不是失望，而是努力接受他務實又冷靜的一面。」

接著，我也說出婚前幻滅的定義：「在從戀愛走入婚姻的過渡期中，任何人都會經歷幻滅，也就是幻想破滅。不過換個角度來看，說不定兩人先前在彼此身上看到的，只是自己想看到的樣子，也就是說，雙方都對彼此抱持著一種幻想，直到結婚前夕、幻想消失後才開始面對現實，這種幻滅的經歷，對每個人來說都很痛苦，你覺得現在只有你一個人很辛苦嗎？也許你男友也因為你和以前不一樣而備受煎熬。」K 告訴我，男友每天都鬱悶地問她：「你最近到底怎麼了？」

因此我說，現在最需要的是雙方明智地走過這段幻滅期。無論準備婚禮有多忙，我都建議兩人要抽出時間、面對面坐下來談，吐露自己真實的心聲、解釋自己為什麼會感到辛苦，同時也聽聽對方的心聲。據說，K 回去後就和男友在酒杯前坦承自己的擔憂，一路談到深夜；多虧有那次深聊，不久後我才能在婚禮上看到笑得像太陽一樣燦爛、世上最漂亮的新娘。

＊＊＊

　　回顧我的職涯，像 K 一樣拿著各種問題來找我的晚輩實在絡繹不絕。最多人提出跟工作有關的問題，如職場衝突或生涯規劃，但也有人像 K 一樣，向我傾訴非常私人的事情。

　　或許是年齡的關係，公司晚輩在我眼中就像女兒或年紀差距大的弟弟妹妹，所以我覺得他們非常可愛、討人喜歡，看到他們時，嘴角會不自覺地上揚。這麼可愛的晚輩遇到困難時，哪有不幫的道理呢？雖然成績不是特別突出，但幸好我擁有在媒體圈工作 33 年的經歷，以及 55 年來比任何人都更拚命生活的經歷，這些似乎都是良好的養分，讓我能給出尚且派得上用場的建議。

　　以前聽前輩說，看到年輕軍人會覺得可愛時，就表示自己已經老了；另一名前輩說，覺得走在大學校園裡的女學生很漂亮時，就該明白自己已經老了。按照這個標準，我肯定是老了，因為就像我覺得公司晚輩可愛、討人喜歡一樣，最近看芭蕾教室的年輕同學也有這樣的感覺。

　　芭蕾教室的學員中，本來就有很多外貌出眾的人，但在我的眼裡，每個人都很有魅力，真的毫無例外：這個人笑起來時瞇成半月形的眼睛非常可愛、那個人單純毫不做作的樣子非常吸引人，所以我想為這些人做點什麼。然而，與媒體圈不同，我在芭蕾世界依舊是個新手，能夠提供的幫助不

多，心有餘而力不足。

不過，如果遇到跟我一樣這輩子第一次碰芭蕾的同學，我都會鼓起勇氣幫助他們。在我剛加入的前一、兩個月，因為不知道的東西太多而難以適應，那時我會詢問更優秀的學員，從他們那裡獲得到了很大的力量。當然，我現在的實力絕對沒有好到可以教別人，可是至少能憑藉經驗提供一些小撇步，告訴他們我怎麼做讓姿勢更標準。

不久前，我看到班上我特別喜歡的同學Y，她跳épaulé時相當掙扎，我便對她說了悄悄話：「待會下課後，我告訴你一個解法。」因為我也曾多次因同樣的問題被老師指責，後來是在芭蕾朋友K的幫助下才勉強解決，所以我無法裝作不知道。我和Y的共同問題是，做épaulé時，向後伸的那隻手臂的肩膀總是向上聳起，相當不好看，J老師經常將這種錯誤動作比喻為「被警察逮捕後帶走的犯人」。

當初我一個人試了各種方式也沒能改過來，是在聽到K的建議——身體側邊用力，把胸部往前推——後照著做，結果肩膀立刻下沉了，相當神奇。因此，我把我學到的要領也告訴Y，她立刻不再做出「被逮捕」的動作，並說：「哇，這樣做之後，問題馬上就解決了。」看到她開心地笑著的臉龐，我就像自己的問題被解決了一樣高興。

＊＊＊

以前讀過《泰村集》一書中關於一隻年邁老鼠的故事。有一隻老鼠非常擅長偷食物，總是能神不知鬼不覺地行竊，但牠年紀大了之後體力衰退，無法親自去偷，年輕老鼠便向牠學習手法，偷了食物再分給牠。然而，沒過多久，年輕老鼠自認能學的都學會了，便不再分食物給年老的老鼠。

後來有一天，婦女們用石頭壓住飯鍋鍋蓋後出門，年輕老鼠用盡了各種技巧也找不到能偷飯的方法，不得已只好向年邁的老鼠求助。但牠已經不願意再教，直到年輕老鼠向牠哀求，說自己錯了，年邁老鼠才說出技巧：「鍋底下有三個腳，只要去挖其中一個腳的土，鍋子就會傾斜，這樣鍋蓋就會自動打開了。」年輕老鼠按照指示去做，鍋蓋果然打開了，年輕老鼠們吃飽後，就把剩下的飯都拿過來獻給了年邁的老鼠。

書中的解說表示，這個故事帶給我們的教誨是：年長者身上一定有我們能學到的東西，所以要心懷敬意並傾聽他們說話。這是千真萬確的！韓國人常說現在是「長輩消失的時代」（按：指找不到值得尊敬的長輩，願意支持和鼓勵那些努力工作、辛勤付出的人），沒有人扮演像樣的長輩角色固然是問題，但也有很大一部分的原因是環境對長輩不友善。

然而，我記得當初我讀這個故事時，是先擔心自己能否成為聰明的年邁老鼠，聰明到能教導年輕老鼠打開鍋蓋，畢竟只是上了年紀，不代表會自動累積生活智慧。但幸運的

是，我身邊的晚輩並不介意我這個老人家嘮叨，還願意聽我說話，看來到目前為止，我還有能教他們的「偷飯方法」，而且以我這隻年邁老鼠的立場來說，我不需要他們分食物給我，所以我非常歡迎年輕老鼠來陪伴我。

最近別說是我教年輕人了，反而是我常常在向年輕人學習。不只芭蕾，我在使用 Instagram 方面也是新手。有次晚輩 J 看到我上傳的貼文後訓了我一頓，因為我平常就很在意空格，連使用主題標籤（#）時，也絲毫不差地按照文法保留空格，結果 J 看到後立刻私訊我：「前輩，主題標籤不能那樣寫。」她說在 Instagram 上，主題標籤不能有空格，這樣別人才能搜索到。天啊！真是另一個未知的世界，明明同樣是社群媒體，但我透過年輕人才知道 Instagram 在很多方面都跟臉書很不一樣。

我在大學擔任兼任教授時也有類似的經歷。第一個學期我負責的是「媒體素養」（Media Literacy）這門課，教學生用批判的角度來理解、使用傳播媒體的資訊。我在課堂上表示，雖然現今生活已經一刻都無法與傳播媒體分開，但每個人對傳播媒體的理解和使用能力差距很大，並舉出我使用 Instagram 的丟臉經歷為例。

當學生看到在媒體現場身經百戰的教授，在使用他們操作自如的社群媒體時卻如此笨拙時，似乎讓他們開始對我產生興趣，所以我又補上一句話：「在往後的課程中，我希望

不只是我以教授的身分教課,而是能跟你們一起討論,我也想從各位同學身上學到很多東西。」

身為韓國第一個溝通型講座節目《不一樣的教室》的企劃兼製作人,既然當上了教授就應該這麼做。比起教授一個人講得口若懸河,學生只能在臺下乖乖聽課,我更想打造出充滿活力的問答和討論的課堂,也就是真正的「不一樣的教室」,希望能盡量多聽學生們說話。剛開始,大家對我提問時都有點猶豫不決,但一段時間過後,逐漸有學生開始積極發表自己的意見,也有人會告訴我連我也不知道的趨勢或解決方法,像是能讓Instagram貼文中經常出現的廣告消失的方法。我每次都會開心地跟他們說:「謝謝你們!多虧有你們,我才能學到新的東西。」

我認為,時代已經改變了,在這個時代,前輩也能向晚輩學到很多,教授跟學生學習當然是件好事,我今後還想在工作崗位和芭蕾教室裡,繼續與年輕人交流知識和經驗,並共同成長。因此,我會努力成為像寓言故事中的年邁老鼠一樣,能長長久久地傳授智慧的大人,也希望年輕朋友們多來陪我玩!

芭比、肯尼都不被排斥的世界

tutu
芭蕾舞裙

在十九世紀的浪漫主義芭蕾時期，出現能夠展現小腿、用多層薄紗營造夢幻氛圍的「鐘形半截裙」（romantic tutu），後來芭蕾女伶穿的裙子越來越短，在古典主義芭蕾作品中穿的是能展現雙腿曲線的半截短裙（classic tutu）。

當我提到自己有在上芭蕾課,經常被問:「學生中有男生嗎?」如果我回:「雖然不多,但還是有。」大部分人都會露出很意外的表情,如果我再補一句「教室裡還有男老師哦」,大家就會驚訝到下巴快掉下來。這表示「芭蕾＝女生跳的舞蹈」的偏見根深蒂固。

　　不過,細究芭蕾的歷史,會發現芭蕾原本是男人的專利。芭蕾起源於十五世紀的義大利,並在十六世紀傳入法國,受到國王和貴族的喜愛而成為上流階層的文化,這個時期最有名的舞者就是路易十四(Louis XIV)。據說,1653年,他在名為《夜之芭蕾》(*Ballet de la Nuit*)的表演中飾演太陽神阿波羅,主軸是宇宙和世界以自己為中心旋轉,因此誕生出路易十四最知名的稱號「太陽王」;後來隨著專業男舞者,即芭蕾男伶的出現,國王和貴族們親自演出的慣例便消失了,然而,舞臺上仍然沒有女性的立足之地。

女舞者首次登場的作品，是1681年的《愛情的勝利》（*Le Triomphe de l'amour*），但是有很長一段時間，女性只能作為男舞者的跟班，因為當時禁止女性穿著暴露，裙子必須及地，難以展現真正的芭蕾技巧。

打破這種不成文規定的，是一位曠世芭蕾女伶，名叫瑪莉・卡馬戈（Marie Camargo），她在1726年穿著露出腳踝的裙子，展示華麗的跳躍技巧，從此女性舞者在芭蕾表演中的角色有了突破性的提升。後來，在十九世紀前葉出現的浪漫主義芭蕾作品中，像精靈一樣輕飄飄的芭蕾女伶迎來了全盛期，相較之下，芭蕾男伶的比重則開始降低。

女性舞者就這樣開始全面占領芭蕾的世界，男性則逐漸被冷落。不知為何，在看到這段歷史時，我的心情既奇妙又苦澀，因為這與我們生活的世界完全相反。雖然現在很難看到哪個領域禁止女性進入，但仍有許多領域只有少數女性孤軍奮戰，試圖擺脫附屬角色，尤其在大部分組織裡，階層越高就越以男性為主，女性只能淪為配角。

在我過去33年任職的報社和電視圈也不例外。雖然從幾年前開始，新進記者和製作人的女性比例大幅增加，性別比例開始逆轉，而隨著女性整體人數的增加，以前排斥女性的部門也逐漸增加女性成員。

然而，看到各公司的部長、總監等高層現況，就覺得還有很長的路要走，尤其能爬到高階主管位置的女記者和女製

作人非常罕見。雖然不知道10年、20年後會變得如何，但如果按照目前的趨勢推測，女性未來將成為公司內的多數，因此在挑選管理職及高層時，很難將她們排除在外。

無論如何，媒體圈的現況都比我1990年剛加入報社時好得多。進入報社初期，我所任職的編輯部占據了一整層樓，但那裡唯獨缺少一個設施──女廁。在那裡工作的約兩百名記者中，包含新加入的我在內，只有10名女記者。儘管每個部門還是有處理庶務的女員工，可是就算加上她們的人數，女性的比例還是非常低；雖然確切情況不詳，但或許是因為最初在那層樓設立編輯部時，根本沒有女性員工，因此才會沒有女廁。總之，從設立開始後，要過好幾年才有女廁，在那之前，包含我在內的女性都要走很遠，特地前往樓上或樓下才能如廁。

不僅如此，實習期間輪流到各部門學習時，曾發生另一件事。當時我被分配到某個部門，而那裡果不其然只有我一名女記者。上班第一天，部長就大聲地叫坐在座位上的我：「Miss申，過來一下！」當時我未婚，以文法來說，miss的稱呼並沒有錯，但讓我覺得很荒唐的是，部長對其他男記者都是直接以名字稱呼。

我並非無法理解那位部長的立場，畢竟在我入職前，他根本沒有和二十多歲的女性晚輩共事的經驗，有可能是對於該怎麼稱呼感到苦惱，他才用平時習慣稱呼女庶務員工的方

式來叫我吧？不過，後來我發現，部長對40歲以上的女記者前輩會使用尊稱，如「〇〇女士」，這也同樣令人感到詫異，因為不管是以前還是現在，在報社裡無論年紀大小，晚輩稱呼前輩一律都是「〇〇前輩」，而前輩則直接稱呼晚輩的名字。

總之，我不希望之後一直被稱為「Miss申」，便跟部長說：「部長，我的名字不是Miss申，而是申藝莉，以後叫我時，請叫我『申藝莉』，謝謝！」然後意志堅定地回到座位上。也許是因為我要求的稱呼讓他感到尷尬，所以之後很長一段時間，部長完全不找我過去。

不久前，在《Moving異能》這部韓劇中，出現了跟我的經歷一模一樣的場面，讓我看得津津有味。那是演員韓孝周飾演的國家情報局員工李美賢，在辦公室工作時發生的事；上司稱呼她為「Miss李」，她便請上司稱呼她為李美賢或李主事（公務員第六級的稱謂），但上司卻置之不理，堅持稱呼她為「Miss李」。這部電視劇的時代背景是1990年代中期，我認為這非常符合當時的情況。

對最近的年輕人來說，可能會覺得這是古早時代才會發生的事，但這不過是三十多年前而已。在跟我同時進入報社的記者中，我是唯一的女性，所以被稱為「報社之花」；之後在進入評論委員會後，我也是萬綠叢中一點紅；轉職到電視臺後，也是新聞部裡唯一的女性部長；經過部長、當上總

監後，我也是公司內唯一的女性高層。

　　這麼多年來，在以男性為主的團體中，身為少數或唯一的女性並不是一件容易的事，廁所和稱謂的問題只是冰山一角，在日常生活中，我也得獨自承受龐大的壓力，因為我的一舉一動都會以「女性代表」的標準被評價。我害怕我犯下的失誤不只影響我，還會連帶讓所有女性都被指責，因此總是戰戰兢兢。

　　過了一段時間後，我才逐漸擺脫這種念頭，因為公司派我做為部長、總監等管理職，不僅僅是因為「我是女人」，反而是因為「雖然是女人卻能勝任」才指派的。我認為，如果是因為看到我做出的成果和我的資質，而進行人事安排，那麼只要盡力去達到那個期待就可以了。當然，同時還是有一點遺憾：「如果不只我一名女性，而是有兩個人，我肩上的擔子就會減輕很多……。」

＊＊＊

　　不久前，我在觀賞強檔電影《芭比》（*Barbie*）時，心裡也是百感交集。這部電影的主線是，主角芭比和男友肯尼原本都生活在由芭比娃娃們掌握主導權的「芭比樂園」，兩人偶然造訪了人類生活的現實世界後，發現兩個世界有180度的差異，因此經歷了巨大的改變。

由於許多人批判過去金髮芭比的九頭身，傳遞了扭曲的女性形象，芭比製造商美泰兒（Mattel）便在近幾年推出各種政治正確（Politically Correct）的芭比娃娃，除了黑人、亞裔和西班牙裔等不同種族之外，還有太空人、工程師等多種職業，甚至出現坐輪椅的芭比，而這點正是導演拍攝電影的契機。

　　電影中的芭比們相信，人類女性也像她們一樣，無論人種膚色，在所有領域都應握有主導權；但讓芭比吃驚的是，抵達美國後她發現，總統、法官、公司的理事會，清一色都是男性，因此受到了震撼。而且，不僅芭比感到驚訝，跟著芭比一起來的肯尼也同樣吃驚，他發現人類世界全部由男性支配，跟只能當配角的他完全不同，於是他試圖顛覆芭比樂園。究竟結果如何呢？為了不要劇透，我就只說到這裡。

　　這部電影要傳達的訊息非常明確，如同肯尼在芭比樂園被排斥的問題，現實世界中的女性也不該被排斥。在電影中描繪的是，肯尼誕生的目的就是作為芭比的男友，肯尼在芭比樂園中若沒有得到芭比的關注，就只是個沒有任何存在意義的「肌肉男」，所以這樣的肯尼需要一個獨立且具有主體性的角色；同樣地，人類世界的女性也要像芭比樂園的芭比那樣，在各個領域都能主導自己的生活。

　　再次講回芭蕾，傳統觀念上芭蕾是由女性主導，而在休閒芭蕾的世界裡，男性確實是少數，但是在專業領域中完全

不是這樣。

　　二十世紀具有獨創性的男舞者輪番登場後，男伶的活躍程度有了明顯的進步，甚至不輸女伶，尤其是被稱為芭蕾天才、舞蹈之神的瓦斯拉夫・尼金斯基（Vaslav Nijinsky），他那彷彿不受地心引力限制的爆發性跳躍，以及有如神助般的技巧，一下子就改變了男伶只剩助手角色的地位。

　　尼金斯基因首次嘗試目前男伶所穿的緊身褲而聞名。在這之前，男舞者都要在緊身褲內再穿一條短褲，但尼金斯基在1911年表演《吉賽兒》中阿爾博特（Albrecht）一角時，大膽地脫掉短褲，直接登上舞臺。儘管在當時掀起了猥褻的爭議，導致他被馬林斯基歌劇院解僱，不過，其實只穿緊身褲更方便活動，也能清楚展現身體美麗的曲線，因此從那時起，這套服裝開始在男舞者之間流行起來。

　　男性對緊身衣的排斥，或許是男性進入休閒芭蕾的障礙，這障礙可能不比「芭蕾是女生在跳」的刻板印象來得小。然而，表演時或許會需要穿緊身衣，但在芭蕾教室時不用擔心，男生和女生都可以穿自己覺得舒服的衣服上課！希望有更多的男性能夠跳脫對性別和服裝的既定印象，來體驗芭蕾的魅力。

　　幾年前，韓國芭蕾舞團曾推動一個計畫，教那些在最前線的一般前哨（General Outpost）值勤的國軍跳芭蕾。芭蕾和軍人！還有比這更突兀的組合嗎？我找出當時的新聞片段

和報導來看，發現軍人在受訪時露出相當滿意的神情，並說：「芭蕾讓我擺脫軍隊生活的壓力，並學會如何專注在自己身上。」這些軍人在軍隊裡穿著運動服跳芭蕾，不僅是跳plié和grand battement，還跳出如cambré這樣的美麗動作，我在觀賞時也得到了平靜的感動。

我希望至少在芭蕾的世界裡，男性和女性都不被排擠，也希望性別、人種、年齡等條件，都不會阻礙我們享受這門藝術。

芭蕾女伶般輕盈的貓咪舞步

pas de chat
貓的舞步

類似貓跳躍的動作。髖關節、膝蓋、腳尖朝外，雙腳交叉站立，跳躍時先抬起一條腿，接著再抬起另一條腿，雙腿在空中畫出菱形後落地。

回憶童年，我最先想到的就是「閃電」，牠是一隻白色的米克斯，因為牠的動作像閃電一樣快，才有了這個名字。有一個關於閃電的故事，在十幾年後的今天依然令我難忘，每當我提到這故事時，大家都不可置信，覺得我在說謊。不過，我是個只報導真相的記者，我敢保證我所說的都是真的，沒有一絲誇大，希望讀者能以開放的心態閱讀。

在我7歲那年的早春，我們全家要從新道林洞搬到孝昌洞（按：皆位於首爾），當時爸爸抱著閃電，坐在搬家公司卡車的副駕駛座，結果在半路，閃電突然跳出打開的車窗。因為這件事發生得太急，兩旁的車輛呼嘯而過，所以爸爸只能回頭喊著閃電的名字，其他什麼事都做不了。

搭乘其他車輛先抵達新家的家人，在聽到這突如其來的消息後，陷入了巨大的悲痛之中。爸爸試圖安慰淚眼汪汪的我，說道：「牠像閃電一樣快，肯定躲過了急駛的車輛，安

第4部　直到生命的最後一刻，都持續做著夢　231

全地在某處活著。」我也在後續的日子中，每天懇切地祈求爸爸說的話是對的。

　　約一週後，某天晚上，爸爸在下班途中走進社區藥店，出來時感覺某個東西在拉著他的褲腳，結果往下一看，發現正是閃電。這段時間牠不知受了多少苦，消瘦許多、身上變得髒兮兮，牠使出最後的力氣咬住爸爸的褲腳，於是爸爸緊緊抱住閃電，一口氣跑回來。看到閃電的身影，彷彿死去的家人復活一樣，全家洋溢著喜悅。

　　後來，閃電在我們一家人滿滿的愛中生了很多小孩，健康地活了很多年才前往天堂。在閃電活著時，真不知我有多希望能聽見閃電說話！

　　如果可以，我想問牠：「你一次都沒來過新家，到底是怎麼從那麼遠的地方找來這裡的？」、「聽說狗狗之間可以互相對話，你是不是到處問別的狗『你有沒有看到最近有一戶人家搬來』？」、「索莫斯（Sommers，1970年代美國電視劇《無敵女金剛》〔The Bionic Woman〕中擁有特殊能力的女主角）的耳朵能聽到遠處的聲音，你的鼻子難道像她的耳朵一樣，遠遠就發現了爸爸的味道？」

　　閃電在我心中留下至今仍無法解開的巨大謎團，牠也是我人生中第一個交心的動物朋友。

　　由於過去跟閃電之間有著深刻的回憶，所以當我的獨生女在就讀小學前纏著說要養狗時，我實在無法拒絕。然而，

以前可以讓小狗在院子裡盡情玩耍，現在卻得把狗狗關在狹窄的公寓裡，這點也讓人心疼；不過，當女兒說「養了小狗就像我有一個妹妹一樣」時，我就覺得這是個正確的選擇。

不過，某次我們去家族旅行一週，臨走前把小狗寄養在社區動物醫院，沒想到回來時小狗已經死了。醫生說，前一天下班前還沒有任何異常，隔天上班就發現牠已經沒有呼吸，因為太過抱歉，醫生表示會送我們一隻同樣品種的狗。但我和女兒完全不願意，也許是因為那道傷口太深了，之後很長一段時間，女兒都對小狗隻字不提，一直到國三要上高中時，才又開始聊到小狗。看來，是因為她忙著準備考試，朋友們也都忙到無法見面，才會突然感到孤單。

在深思熟慮之後，我建議這次改養貓。貓跟狗不同，不太黏人，聽說家人上班、上學後，貓也很能享受獨處時光，我提出這個折衷方案後，女兒馬上答應，纏著我趕快去買。

不過又有一個問題。雖然我為了安慰女兒而隨口提議，但其實我不僅不喜歡貓，反而有點害怕。當時愛貓文化還不像現在這麼盛行，所以我連該怎麼買貓都沒有頭緒，因此，我隨便在搜尋欄打上「世界上最漂亮的貓」的關鍵詞，因為我覺得至少要漂亮，才會有感情、也才願意養。

從最前面搜尋出來的照片中，我第一眼就被某隻貓的外表吸引，我看了一下牠的品種，發現這種貓叫「波斯貓」。於是，我根據這個方向去販售寵物的大型賣場，說想要看看

波斯貓。老闆拿了幾隻裝在鐵籠的小貓過來,要我挑出最喜歡的一隻,但是根本不用特地挑選,因為牠先選了我:其他貓咪都聚在一起,玩得不亦樂乎,只有牠向我走來,把前腳伸到鐵籠外,靜靜地碰了我的手,彷彿在說:「你怎麼現在才來?趕快帶我回家。」這就是「主主」成為我的家人的起點,當時是2007年的夏天,已經是17年前的事情了。

主主這名字是我取的,是「公主公主」的簡稱。牠實在太漂亮了,非常適合公主這個名字,但不知為何,我覺得叫一次還不夠,好像得連續叫兩次才行。認識主主後,打破了我覺得貓咪很自大的印象,主主占據了我的整顆心,大部分貓都相當高傲、盛氣凌人,把飼主當作要餵食、伺候自己的奴僕,主主卻是個情感豐富的孩子。

當我坐在沙發上看書時,牠會輕輕走過來,枕著我的膝蓋睡覺;女兒讀書時,牠會爬上書桌,目不轉睛地盯著看,然後把教科書當成床躺下。此外,迎接我們從學校和公司回家,也是牠不能漏掉的行程,當我加班到深夜、很晚才回來時,就算女兒已經熟睡,主主也會像剛睡醒一樣瞇著眼睛,準時到玄關等我。

不僅如此,另一件很多人不願相信的事情,展現了主主可愛的一面。那就是,主主聽得懂「親親」的指令,當我說要親親而嘟嘴時,主主就會靠過來親我的嘴,臉上沒有一絲厭煩。因為有太多人不相信,我還特地錄影並上傳到臉書。

女兒要搬出去時，說要帶牠走，所以我最近很偶爾才能見到牠一面。每當我開門時，牠都會一如既往地到玄關迎接我。「主主，我也很愛、很愛你，謝謝你這麼愛我。」雖然不能常常見到牠，但我每次見到主主，都會做出這樣的表白。牠連親親都能聽懂，我相信牠肯定能聽懂這些話。

＊ ＊ ＊

　和貓咪一起生活17年後，現在無論走到哪裡，首先注意到的就是貓咪。要買東西時，我會自動拿起有貓圖案的款式；神通廣大的社交媒體演算法，整天都在我的頁面上推播貓咪出現的貼文；甚至連路上的野貓經過時也不會直接走掉，而是一直對我喵喵叫。而在我最近沉迷的芭蕾世界也不例外，某天上課時竟學到了和貓有關的動作── pas de chat，意思是「貓的舞步」。

　以前提到芭蕾，會聯想到的動物只有優雅的天鵝，沒想到竟有模仿貓的動作，我覺得既神奇又有趣。其他跳躍動作總是讓我手忙腳亂、疲憊不堪，唯獨在跳 pas de chat 時，我會情不自禁地露出微笑。

　然而，仔細想想，不僅是 pas de chat，芭蕾和貓咪似乎有著密不可分的關係。平常在觀察主主時，總是令人驚訝的是，牠可以輕鬆地跳上比身長高好幾倍的地方，簡直像是忽

略了重力。無論是床上還是沙發上，牠只要將後腿收起後再伸直，就能輕盈地跳起並落地，看到牠的跳躍總是讓我讚嘆不已，彷彿完全沒有重量，就像在看一名輕盈的芭蕾女伶。

　　因此，從貓的立場來看，將天鵝推舉為代表芭蕾的形象動物，確實會心有不甘。有趣的是，就連在強化這個形象的代表作《天鵝湖》中，也有個場面是連續做出貓的舞步，也就是相當知名的「四小天鵝之舞」，其實是四名芭蕾女伶手臂交叉連續跳著 pas de chat。天鵝竟是用貓的舞步跳舞，是不是很有意思？

　　既然提到了動物，那就不能不提在聊芭蕾時一定會想到的動物，也就是「馬」。在芭蕾中，除了貓的舞步之外，還有馬的舞步，也就是 pas de cheval。

　　愛貓的我在知道 pas de chat 後，覺得芭蕾更有趣了；如果是對馬情有獨鍾的人，也許會因為 pas de cheval 而對芭蕾產生更大的興趣。

　　啊，在這一則小節要結束前，我又想到另一個貓咪和芭蕾的共同點，那就是──越深入了解，就會發現越多魅力！

第 4 部 直到生命的最後一刻，都持續做著夢

| 結尾 |
人生的 grand jeté 才剛要開始

「藝莉是我的 NPC（在電玩中向玩家介紹各種活動和內容的指引角色），所以如果你們跳到一半忘記順序，只要跟著她跳就可以了。」每到月初，J 老師都會半開玩笑地對剛進入基礎班、第一次學芭蕾的新生這麼說。

當時大概是我開始學芭蕾的第 7 個月左右，芭蕾教室的課程是從月初開始，越接近月底，動作就會越難，每個月都反覆以類似的模式進行。所以，已經在基礎班磨練 7 個月的我，自然比剛加入的人更了解順序。

不過，問題是，有時連我也會搞錯熟悉的動作和順序，結果跟老師期待的不同，我不是 NPC，反倒成了誤導同學的人。一個人做錯就算了，我卻讓其他幾位看著我做的學生也猶豫不決，這讓我尷尬不已。因此，在有新生的課堂上，我都會要求自己更努力打起精神，專注在順序上。

在中間練習（center class）時，老師教完一個有點難度的動作後，會讓每個人依序照做，而我通常都是第一個，畢竟，不管再怎麼說，我都已經跳了許多次，肯定會比第一次學的學生還要好。

　　所以，我都會先站出來示範，這情況連學習基礎班跳躍大魔王grand jeté（大跳）時也是一樣；grand jeté是用力踏地後，像飛上空中那樣高高跳起的跳躍動作，就是芭蕾舞者的照片中會出現、如同反重力般的精采動作，通常標準步驟是經過chassé（前腳如滑行般伸出、後腳跟上的舞步）等助跑動作後，前腿用力踏，後腿也用力伸直跳起。

　　但是，一開始學這個動作時，我的跳躍卻小家子氣又拘謹，跟有著「大」、「寬」、「高」等含意的grand相去甚遠。我沉重的身體很難騰空，而且應該在空中劈成一直線的腿，頂多只能呈現「八」的樣子。不過，經過無數次的練習後，現在正在逐漸改善。

　　然而，不久前在課堂上，正當我準備站出來第一個示範時，老師卻說：「請展示一下真正的劈腿！」這讓我突然間壓力山大，其他動作也許還有機會，但我的grand jeté目前遠遠達不到能展示的程度，所以老師這樣說讓我更緊張了。我先深呼吸，吸了一大口氣，然後盡我所能用力跳起，努力把雙腿劈開。就在那一刻，我的耳中傳來了同學們「哇！」的驚嘆聲和老師喊著「Good！」的聲音。雖然還有待加

結尾　人生的 grand jeté 才剛要開始

強，但至少我學會了如何跳 grand jeté，因此自豪不已。

　　成為基礎班的資深成員後，我體驗到了初學者時期不曾有過的經驗，開始聽到老師們的稱讚，也引起其他同學的羨慕，這心情非常愉悅，甚至讓我想要長期安逸地留在基礎班。不過，沒過多久，我開始注意到老師的暗示，有意無意地催促我轉到進階班：「只重複同樣的模式不會進步。要學習更困難、更辛苦的動作，實力才會提升。」我55歲才開始學芭蕾，如今跌到谷底的自尊心好不容易才恢復，現在竟然又要接受全新的挑戰，想到這點便不由自主地嘆了口氣。

　　我開始合理化自己的行為，說服自己：「打好基礎是最重要的，如果一下子太貪心，可能會養成壞習慣，到時要改正更辛苦。」並決定無論老師們怎麼施壓，我在基礎班待滿一年之前都不會動搖。不過，後來我突然驚覺，自己的年紀已經不小，年輕的同學還有很多日子，慢慢走也無妨，但我的情況不同；我的起步已經比別人晚很多，是否該在關節無法支撐前，盡快提升技巧呢？

　　當我下定決心不再拖延後，便立刻挑戰進階班。就在我開始學芭蕾8個月後，第一次進入初級班，而我上完第一堂課的感想是——本來還想說可能會跟不上，沒想到⋯⋯真的跟不上。在基礎班被評價為模範生、資優生的我，到初級班突然變成了吊車尾，又變得像最初菜鳥時期那樣，不停偷看旁邊的人、奮力跟上大家。手臂動作就算了，腳部動作無論

我有多努力都做不好，常常在原地猶豫不決，那些動作不僅又快又複雜，還有很多相當陌生的動作，我在基礎班完全沒有接觸過，如 flic flac（用腳底輕輕滑過地面，往前或往後旋轉的動作）。

那時我非常後悔，覺得應該多累積一些實力再來，但我不想因此退縮，於是鞭策自己：「如果因為實力不夠而產生想要退縮的想法，那當初何必開始學困難的芭蕾？」最終解決方法只有練習而已，我開始專注地練習每次上課時跟不上的動作。

拿 flic flac 來舉例，我每天會在家一邊看 YouTube、一邊練習，試了一週多，好不容易才變得熟悉；因此在下一堂課順利跳出 flic flac 時，那成就感不知道有多大！

在初級班發現自己處處比不上別人後，才覺得在基礎班因為稍微會跳一點就感到滿足、安於現狀的自己非常丟臉。可能是因為很晚才開始學芭蕾，所以覺得只要沒有中途放棄，就像是完成了無比巨大的挑戰一樣。然而，除了初級班，還有中級班、高級班，我明明還有很大的進步空間，卻只是輕易地沉浸在成就感中。幸好我有鼓起勇氣報名進階課程，再次找回了剛踏入芭蕾這領域時的初衷。再加上，我看到新聞報導才得知，有個與眾不同的成功人物挑戰到我無法想像的程度，因此又受到了刺激──就是醫生兼休閒芭蕾女伶尹季珍的故事。

她在讀醫學院時偶然看到《吉賽兒》的表演，對芭蕾產生了憧憬。大學畢業後，她當上小兒科醫師，並在結婚後生下兩名子女，就是在那時她決心圓夢。也就是說，她在超過40歲時前往德國學習芭蕾。聽說，她在慕尼黑國際芭蕾舞學校（Munich International Ballet School）留學的4年，每天都與有志成為芭蕾舞者的十幾歲青少年，一起接受5個小時的高強度課程和訓練。以職業芭蕾女伶來看，她已經到了即將退休的年紀，但尹季珍卻在這年紀踏進此領域。

　　回到韓國後，她加入了韓國第一個成人業餘芭蕾舞團「Swans芭蕾舞團」，並在2019年《吉賽兒》的表演中，飾演夢寐以求的吉賽兒。當時距離她學生時期第一次看到《吉賽兒》過了將近30年，她在受訪時表示：「雖然大家都說我年紀大了，根本不可能跳芭蕾，但我還是勇於挑戰。我也想告訴其他人，絕對不要從擂臺上下來。」雖然她比我小十幾歲開始學芭蕾，但仍是到中年才開始，最後竟能擔任芭蕾舞團演出的主角，不得不說，這真的是一個偉大的成就。因為我知道這過程有多艱難，所以想給她更響亮的掌聲。

　　我身邊也有很多朋友因此被激發出挑戰意志。自稱芭蕾狂熱分子的公司晚輩S，以《唐吉訶德》中的琪蒂和巴西里奧（Basilio）的pas de deux（雙人舞）表演參賽，獲得了金牌。我看了他們的表演影片，不僅轉圈、跳躍等所有動作都很流暢、無可挑剔，她還生動地表現出琪蒂獨特的活潑感

和活力。我告訴她，我很羨慕她的實力好到能夠參加比賽，而那時S說：「如果挑戰參加比賽，在準備的過程中，實力就會提升很多，與其說是因為很會跳芭蕾而參賽，不如說是因為想跳得更好而一直參賽。既然你已經開始跳芭蕾，請你一定要挑戰參加比賽看看。」

沒錯，如果因為自己是業餘的就隨便做做，這種心態做任何事情都不會成功。J老師也經常說：「我不會因為你們跳的是休閒芭蕾，就覺得你們跳不好也沒關係。一定要跳得好。如果跳得不好，那幹麼還要跳？」我也迫切希望自己能跳得比現在更好。升上初級班只是開始，以後還要不斷挑戰新的事情，我設定的下個目標是參加表演班，因為我想好好體驗我所憧憬的表演中的舞蹈。

如果我沒有挑戰的野心，就不可能在十幾年前，以超過40歲的年紀踏進電視圈。當時，在受邀加入新創立的電視臺時，我已經是個成熟的報社記者，也獲得了夢想中的評論員職位，享受著極大的成就感。所以，我當時在「想繼續留在被認可做得好的位置上」，以及「趁早踏上不曾走過的路」兩種心情之間拉扯，最終我選擇了後者。後來，在電視臺度過的那13年可謂挑戰從無到有的經歷。原本對電視臺一竅不通的我，從小事到大事一一學習，然後開始製作新聞、製作時事教育節目，最後甚至踏入了數位內容領域。

再加上，成為韓國電視圈內極其罕見的中年女主播這件

事，也多虧了我厚著臉皮挑戰公司內部的徵選活動。電視臺在開播初期，舉行了大規模的徵選活動來選拔主播，並宣布為了確保公平機會，將會優先錄取被選上的人。聽到許多有才能的晚輩陸續報名後，我陷入了苦惱，我究竟該鼓勵並觀望，還是該向前踏出一步？

　　這時，我決定繼續走上挑戰之路。我是部長級以上的主管中，唯一參加的人。在徵選當天，我站在舞臺上時，看到前輩和多名晚輩坐在評審席上。為了化解尷尬，我努力擠出微笑，用幽默的口吻開始自我介紹：「大家好，我是報名徵選的人之中，年紀最大的參賽者申藝莉，請多多指教。」雖然內心期待評審給出和顏悅色的反應，但他們那嚴肅的表情一點也沒有放鬆，而是回一句「請根據指示好好表現」。雖然這句話讓我的緊張感倍增，但我還是調整心態，盡全力讀完指定的內容，面對突發狀況時，也在沒有腳本的情況下完成新聞播報。

　　最後，我拿到了第三名。在這只選出前三名的徵選中，我勉強及格、擠進名單。這開啟了我在45歲成為節目主持人的序幕。

　　回想起來，選擇挑戰芭蕾和電視圈，真是很棒的決定！如果只滿足於小小的成就、選擇安於現狀，就不會有現在的我。僅從我的經驗來看也會知道，挑戰永遠不嫌遲，所以千萬不要以年紀為藉口，停留在安穩的現在。

水若停滯不流動，必會發臭，所以要不斷前進。我相信，這樣一天、一天地拚命努力後，總有一天能比現在更帥氣地跳得更高、更遠。

　　我們人生的 grand battement，才剛剛開始。

致謝

我以前真的聽了很多要提前準備人生第二幕這種話,聽到耳朵都要長繭了。朋友們說,像我這種全心全意投入在工作上的人,退休之後肯定會後悔的;不過,如果因為擔心未來而一直左顧右盼就太可惜了,當時的我該做的事非常多,而且我也真心愛著我的工作。

然而,對於總是忠於當下的我,原本覺得很遙遠的未來也在某天毫無預警地來臨,長久以來一直在耳邊預告的憂鬱症狀真的就要化為現實。

我在毫無準備的情況下,迎來了第二段人生,但這段日子能夠以芭蕾開始,真的是一大祝福。當我逐漸熟悉這些這輩子首次接觸到的動作後,也重新找回了很久以前朝社會邁開第一步的悸動和熱情。這本書就是我用全身擁抱新世界,表達我無法抑制的滿腔熱情,在狂熱似地激動書寫後,我得以與化為過去的現在美麗地道別,並滿懷激動地迎接成為現

在的未來。

這本書完整地記錄了我拚命工作的33年和幸福跳舞的1年,也是對陪我一起走過這段時間的人表達感謝的紀錄。首先感謝金賢宇老師和趙成恩老師,感謝你們對很晚才踏入芭蕾的我傾注全部熱情和心血指導,只要兩位不放棄,無論何時我都會一直跳到最後;也對於願意與我分享芭蕾樂趣的秀珍、王瑤、鄭元、智允等多位芭蕾朋友表達深深的感謝。在朋友們溫暖又細心的鼓勵下,我更喜歡芭蕾了。

另外,也想藉由這個機會,感謝長年在工作崗位上與我攜手進行各種挑戰、經歷風風雨雨的無數前輩與晚輩。大家給了我滿滿的支持和愛,讓我成為一個比起放假更喜歡工作的怪人。在經歷過大風大浪後,我依然是個喜歡人群的人,這完全是託各位的福。

最後,我想感謝我親愛的家人,你們是即使天塌下來,我仍能倚靠的人。對於一直擔任我的堅實後盾的父母,以及比任何人都更熱情地為我加油的女兒智賢,我堅定地跟你們承諾,我會努力展現出令你們自豪的樣子,所以希望你們能像現在這樣一直健康幸福下去。

這次是時隔14年再次執筆,既愉快又艱難。感謝編輯鄭大伊和權恩京在過去的幾個月裡,不斷鼓勵獨自在鍵盤前奮鬥的我,有時也不吝於訓練我,讓我寫出最棒的內容。

還有,真心感謝各位讀者翻開這本對我來說很珍貴的

書，傾聽我講述關於生活和舞蹈的瑣碎故事。本書若能為提供各位靈感，即使只有一點點，我也無比喜悅。

2024 年 3 月

申藝莉

國家圖書館出版品預行編目（CIP）資料

五十歲後的優雅：縮得越深，便能跳得越高，優雅而堅韌地穿越人生。來自一名中年的芭蕾初學者。／申藝莉著；葛瑞絲譯. -- 初版. -- 新北市：方舟文化，遠足文化事業股份有限公司，2025.07
256面；14.8×21公分. --（心靈方舟；66）
譯自：발레를 배우며 생각한 것들：33년 차 저널리스트,우아하고도 단단하게 인생을 건너다

ISBN 978-626-7596-94-4（平裝）

1. CST：女性　2. CST：自我實現　3. CST：芭蕾舞

177.2　　　　　　　　　　　　　　　　　　114007192

心靈方舟　0066
五十歲後的優雅
縮得越深，便能跳得越高，優雅而堅韌地穿越人生。
來自一名中年的芭蕾初學者。

作　　者	申藝莉（신예리）
繪　　者	Rena 레나（이혜실）
譯　　者	葛瑞絲
封面設計	卷里工作室 @gery.rabbit.studio
內頁設計	王信中
主　　編	李芊芊
校對編輯	張祐唐
特約行銷	許文薰
總 編 輯	林淑雯

出 版 者　方舟文化／遠足文化事業股份有限公司
發　　行　遠足文化事業股份有限公司
　　　　　231 新北市新店區民權路 108-2 號 9 樓
　　　　　電話：（02）2218-1417　　傳真：（02）8667-1851
　　　　　劃撥帳號：19504465　　　　戶名：遠足文化事業股份有限公司
　　　　　客服專線：0800-221-029　　E-MAIL：service@bookrep.com.tw
網　　站　www.bookrep.com.tw
印　　製　呈靖彩藝有限公司
法律顧問　華洋法律事務所 蘇文生律師
定　　價　420 元
初版一刷　2025 年 7 月

발레를 배우며 생각한 것들
Copyright © 2024 by 신예리
All rights reserved
Complex Chinese copyright © 2025 Ark Culture Publishing House, a division of
WALKERS CULTURAL CO., LTD
Complex Chinese translation rights arranged with WOONGJIN THINK BIG CO.,
LTD. through EYA (Eric Yang Agency).

有著作權・侵害必究
特別聲明：有關本書中的言論內容，不代表本公司／出版集團之立場與意見，
文責由作者自行承擔

缺頁或裝訂錯誤請寄回本社更換。